服务体验管理：
数字化创新方法论

罗仕鉴　于慧伶　石　峰　等著

机 械 工 业 出 版 社

在数字智能时代，服务体验管理致力于通过高效地收集、整理和分析数据，支持企业战略执行与流程管理，旨在提升客户体验，为服务的提供者和接收者创造最大的共创价值。本书系统地介绍了近年来国内外服务体验管理的最新发展，作者团队结合自身长期的研究成果，通过典型案例剖析新时代服务体验管理内涵的外延，从"数据—知识—价值"三个层面深入探究在数字智能时代背景下如何用数字化手段将服务体验与业务指标联通起来，以全局视角从意识、结构、机制、策略等方面为企业、政府、高校等构建围绕体验的全数据链服务管理方案。

本书目标受众为需要将服务体验管理纳入企业战略的企业经营者和高级管理者、关注服务体验的市场营销和客户关系管理人员，以及与服务体验设计相关的学术研究者和高年级学生。

图书在版编目（CIP）数据

服务体验管理：数字化创新方法论 / 罗仕鉴等著.
北京：机械工业出版社，2024. 7. -- ISBN 978-7-111-75964-5

Ⅰ．F274

中国国家版本馆 CIP 数据核字第 2024XJ5863 号

机械工业出版社（北京市百万庄大街 22 号　邮政编码 100037）
策划编辑：张淑谦　　　　　责任编辑：张淑谦
责任校对：潘　蕊　张　薇　封面设计：王　旭
责任印制：邓　博
北京盛通数码印刷有限公司印刷
2024 年 10 月第 1 版第 1 次印刷
184mm×240mm・12.5 印张・213 千字
标准书号：ISBN 978-7-111-75964-5
定价：79.00 元

电话服务　　　　　　　　　　网络服务
客服电话：010-88361066　　　机 工 官 网：www.cmpbook.com
　　　　　010-88379833　　　机 工 官 博：weibo.com/cmp1952
　　　　　010-68326294　　　金 书 网：www.golden-book.com
封底无防伪标均为盗版　　机工教育服务网：www.cmpedu.com

前　　言

世界从二元空间（物理—人类）过渡到三元空间（信息—物理—人类），如今已进入四元空间（信息—物理—机器—人类）。在这个四元空间和数字经济时代，服务体验管理面临着前所未有的机遇和挑战。新一代消费者群体的观念发生了深刻变化，他们不仅寻求物质满足，还更加追求个性化、智能化和互动化的服务体验。全球各行各业都在思考如何转变传统的服务管理模式，如何在数字化浪潮中融合新兴的科技美学，创造新的服务想象空间、构建令人难忘的场景体验。

随着大数据、物联网、人工智能、云计算、5G、扩展现实（XR）等尖端技术的突飞猛进，我们已经进入了一个全新的服务体验管理时代。这个时代的标志是服务体验管理的全面数字化和智能化，它不仅改变了消费者的生活方式，也重塑了服务提供的理念、方法和途径。在这个多元化的消费场景中，各种新兴技术和业态迅速发展，如线上零售、智能支付、智慧城市管理和无人配送服务等，它们正在深刻地影响着生产、制造和服务行业的发展方向。服务体验管理不再局限于产品的单一提供，而是转向了更加综合的服务场景整合，着重于提升用户体验，构建服务设计生态系统，并促进产业、民生和国家价值的共创。这种创新的服务管理模式正在引领服务行业的高质量发展，推动传统服务业的转型升级。全球领先的企业，如亚马逊、苹果、谷歌、华为、阿里巴巴和腾讯等，都在积极探索数字技术在提升服务体验中的应用，推动服务行业向数字化、智能化转型升级。同时，这也促进了产业与工业化、信息化、智能化、市场化及国际化的融合。在这样的背景下，服务体验管理正变得越来越重要，它不仅对服务行业本身，也对整个社会、经济的发展具有深远的影响。

服务体验管理以互联网为舞台，以大数据分析为基础，借助区块链、人工智能和云计算等先进技术，打破了传统服务管理的界限。它结合了服务科学、设计学、信息技术和商业管理等多个学科领域，专注于服务交互的全过程，包括服务策略的制定到用户体验的持续优化。在这一过程中，服务体验管理不断地通过包容性和友好性的用户界面、交互和体验来构建连接，实现了从个人层面到产业层面，乃至整个社会层面的价值共创。这种综合性的服务体验管理方法促进了跨领域的集成创新，为社会和经济发展提供了新的动力和视角。

本书深入探讨了服务体验管理在人工智能和数字化时代的新模式，系统研究了服务体验的演变历程、数字化创新的发展模式及其迭代过程，全面梳理了服务体验管理在数字化环境中的概念和内涵。在此基础上，构建了一套服务体验管理的理论与方法体系，为服务行业的数字化转型提供了创新的视角和实践指导。通过阅读本书，读者将了解到如何在数字化环境下有效管理和优化服务体验，如何利用最新技术提升服务质量和效率，以及如何应对服务行业中的新挑战。本书适合于服务管理领域的专业人员、学者、学生以及对数字化创新感兴趣的读者。

随着人工智能和数字化技术的不断进步，我们预见到一系列创新和变革将深刻影响生产、制造与服务行业。服务体验管理的理论、方法和模式将进一步融合先进的技术，如人工智能、大数据分析和云计算，拓展服务体验的科学研究范畴，引领新的学科发展方向。这个过程将促进社会各界在服务体验管理方面的全面创新，带来社会共赢价值的创造。未来的服务体验管理不仅将提高服务效率和质量，还将在构建可持续业务模式和推动社会创新方面发挥关键作用。这一领域的发展前景广阔，有望在全球范围内引领服务行业的新趋势，为人类社会的进步提供强大动力！

本书由罗仕鉴和于慧伶梳理整体框架、配图、整理及统稿，石峰提供企业案例。王政南参与了第1章和第2章的撰写，王元玥参与了第3章和第7章的撰写，卢杨参与了第4章的撰写，于慧伶参与了第5章和第6章的撰写。感谢浙江大学沈诚仪、张德寅、王瑶等博士生，他们也为本书的完成做出了较大的贡献。

由于作者水平有限,加之服务体验管理相关领域还在不断迅速发展,知识更新迭代速度快,书中难免有错误和不足之处,热忱欢迎专家、学者提出宝贵意见和建议,共同推动这一领域的发展。

2024 年 8 月于求是园

目 录

前　言

第1章　服务体验制胜：顶层战略设计 / 1

1.1　趋势：用户与服务体验的关注与管理 / 2

1.1.1　关注进行时：用户与服务体验 / 2

1.1.2　服务体验：通向新阶段发展的钥匙 / 5

1.1.3　增长密钥：策略侧重点的变迁 / 7

1.2　基于数据驱动的运营现状 / 9

1.2.1　数据驱动：普遍达成共识 / 9

1.2.2　数字化运营：行业领军者的秘籍 / 11

1.2.3　中国数据驱动发展的现状：挑战、实践与前景 / 12

1.3　数据驱动决胜用户与服务体验管理 / 14

1.3.1　降本增效之本 / 14

1.3.2　定价空间之利 / 16

1.3.3　传统手段之弊 / 18

1.4　将数据驱动落实到服务体验管理 / 20

1.4.1　从流程驱动转向数字驱动 / 20

1.4.2 形成用户为中心的系统化解决方案 / 22

1.4.3 关注用户生活品质 / 22

1.4.4 落实数据决策 / 24

第 2 章 用户为王：服务体验管理的原点和缘起 / 26

2.1 用户到底需要什么 / 27

2.2 新生活方式：个性化驱动下的生活方式革新 / 29

  2.2.1 新场景：新生活方式之本 / 29

  2.2.2 新基建：新生活方式之基 / 34

  2.2.3 新体验：新生活方式之源 / 38

2.3 新生活美学：用户对生活的多维度探索 / 39

  2.3.1 服务体验层面 / 40

  2.3.2 信息渠道层面 / 42

  2.3.3 网络社交层面 / 45

  2.3.4 文化心理层面 / 47

2.4 新消费语言：满足多样化需求的消费趋势与创新 / 49

  2.4.1 预期外消费，体验惊喜触达 / 49

  2.4.2 消费社群化，构建网络状体验生态 / 51

  2.4.3 消费 IP 化，创造消费新动能 / 54

第 3 章 服务体验制胜：顶层战略设计 / 57

3.1 服务体验的内涵 / 58

  3.1.1 服务体验的定义 / 58

  3.1.2 服务体验的形成 / 60

  3.1.3 服务体验的三个方面 / 63

3.2 服务体验经济的崛起 / 65

 3.2.1 从传统经济到体验经济的跃迁 / 66

 3.2.2 体验经济时代下的关键性转变 / 68

 3.2.3 服务体验经济的三层次认知模型 / 71

3.3 用户思维与服务体验升级 / 76

 3.3.1 用户思维，瞄准价值人群 / 77

 3.3.2 新兴群体，换血消费主力 / 78

 3.3.3 超出预期，创造服务体验升级 / 80

3.4 服务体验，无处不在 / 81

第4章　服务体验新基建：体验持续造浪的核心动力 / 86

4.1 新时代服务体验的外延 / 87

 4.1.1 用户体验 / 87

 4.1.2 品牌体验 / 88

 4.1.3 员工体验 / 90

 4.1.4 渠道体验 / 90

 4.1.5 社会责任体验 / 92

4.2 大数据是服务体验管理的主流和未来 / 93

 4.2.1 传统服务体验管理遭遇四大困境 / 93

 4.2.2 全球视野下数据治理的四大发展阶段 / 96

 4.2.3 大数据时代的服务体验管理 / 100

 4.2.4 服务体验管理面临的数据挑战 / 104

4.3 构筑服务体验新基建 / 105

 4.3.1 新基建与服务体验新基建 / 105

 4.3.2 服务体验新基建是新时代体验持续造浪的核心动力 / 106

 4.3.3 四大特性助力构筑体验新基建 / 108

第 5 章　服务体验管理指标体系：AI 时代度量的奥秘　/　112

5.1　数据驱动的服务体验管理指标体系构建与采集　/　113
   5.1.1　服务体验管理指标体系　/　113
   5.1.2　顶层设计，建立分级作战地图　/　116
   5.1.3　自下而上，挖掘核心数据指标　/　118
   5.1.4　体验旅程与用户画像，端到端的数据洞察　/　121

5.2　评估准则的建立与执行　/　124
   5.2.1　企业迭代，驱动体验提升　/　124
   5.2.2　业界竞争，多维标准建立　/　125

5.3　平台搭建，服务体验指标体系的落脚点　/　127
   5.3.1　数智化服务体验管理平台简介　/　127
   5.3.2　数智化服务体验管理平台的六大核心能力　/　130
   5.3.3　数智化服务体验管理平台实施规划　/　133

第 6 章　数据—知识—价值：服务体验管理的法则　/　137

6.1　数据层：服务体验管理之"基"　/　138
   6.1.1　主客观数据拉通，汲取时代用户动能　/　138
   6.1.2　善用多维埋点，赋能企业用户双向共建　/　139
   6.1.3　数据多元应用，加速企业纵深发展　/　144

6.2　知识层：服务体验管理之"计"　/　147
   6.2.1　体验导入指标化，构建作战体系　/　148
   6.2.2　分析洞察智能化，捕捉动态需求　/　151
   6.2.3　体验驱动价值化，助力敏捷迭代　/　155

6.3　价值层：服务体验管理之"质"　/　158

6.3.1　拥抱多元个体，新需求带来新机遇　/　159

6.3.2　赋能企业发展，构建新兴产业生态　/　160

6.3.3　立足顶层建设，数字化孵化新格局　/　161

6.4　服务体验管理典型案例　/　162

6.4.1　某汽车厂家应用系统标准化服务体系建设　/　162

6.4.2　某全球头部零售企业服务体验管理　/　164

6.4.3　某高校校园信息化用户服务体验提升项目　/　166

6.4.4　某上市餐饮公司全国连锁店全面体验管理解决案例　/　167

第7章　内生生长，外生进化：服务体验管理的未来　/　169

7.1　内生代谢生长　/　170

7.1.1　以数据智动化为根基　/　170

7.1.2　以媒介虚拟化为抓手　/　172

7.1.3　以管理共建化为保障　/　174

7.2　外生协同进化　/　176

7.2.1　以价值云共识为基础　/　177

7.2.2　以价值云共生为路径　/　178

7.2.3　以价值云共赢为目标　/　180

参考文献　/　182

后记　/　188

第1章

服务体验制胜：顶层战略设计

消费者或用户的综合评价会直接影响业务增量。在决策过程中，用户基于其服务体验的质量——优质或不佳——来做出选择，这些体验的质量转化为增长数据，反映了服务体验的价值。数据驱动的分析进一步深化了我们对服务体验重要性的理解，为我们提供了预测未来趋势的新思路和实践方法。

1.1 趋势：用户与服务体验的关注与管理

随着经济社会的不断发展和社会的进步，就生活中的服务体验而言，人们稍加思考便能感受到当下相较于十年、二十年之前发生的革新与变化。这种最直观的体验源于每个时代对应的产品、服务或系统等诸多领域的发展状况，也正是在时间轴上愈接近当下，愈能够发现上述领域在"服务体验"上所下的功夫：从浅显的用户问卷询问相关体验与评价，到深层次难以发觉的用户数据提取与呈现，无不体现着各类机构与企业对于服务体验逐步重视的趋势，以及对服务体验促进增长与口碑能力的认可，如图1-1所示。

图1-1　趋势下的关注对象与出发点

1.1.1　关注进行时：用户与服务体验

如今，购物和社交平台首页的推送已经转变成了根据我们兴趣进行相关商品和信息的推送；无论是购物商店还是汽车销售行业，关注用户群体和售后服务的理念都得到了广泛推广；在处理政府相关业务时，我们可以在网站应用程序上找到所有需要准备的文件，甚至可以在线完成办理；在大学校园，补办校园卡和带章成绩单不再需要亲自前往办公室，而可以通过手机上的几个步骤完成……这些服务体验层面的变化已经渗透到我们生活的方方面面。

在实现服务体验方面的革新时，需要新的服务来提供支持，这些新的服务通常源于人们在旧有体验中所感受到的需求变化。服务体验的形成，通常伴随着消费或确认办理的行为，从而对商业经济、政府评价等多个领域的发展产生影响。长期以来，存在着一个不断循环的过程，即旧有需求带来旧有的服务体验，随着服务体验的优化与革新又催生了新的需求，如图 1-2 所示。如何基于服务体验的精确分析来满足服务需求，从而激发新的消费欲望，已经成为当前的共识问题。

图 1-2　服务体验与需求无限循环

从宏观角度来看，中国经济如今已进入到结构性转型与调整的新常态，消费品总量的增速有所减缓，但相对高层次的以各类服务业商业为主的第三产业仍然保持着强劲的增长势头，经济发展的推动力已经从过去的需求驱动逐渐向消费驱动转变。根据国家统计局 2022 年 9 月底发布的《经济结构不断优化 协调发展成效显著——党的十八大以来经济社会发展成就系列报告之十一》显示，到 2021 年底，三大产业的结构比例已经从 2012 年的 9.1∶45.4∶45.5 调整为 7.3∶39.4∶53.3，如图 1-3 所示。自 2013 年以来，第三产业的年均增速达到了 7.4%，如今已经成为国民经济的最大支柱产业。服务体验是第三产业的核

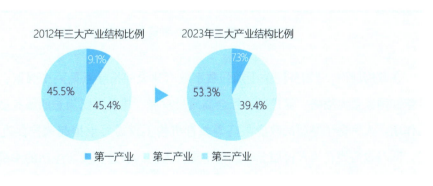

图 1-3　2012 与 2023 年三大产业结构比例对比

心部分，其快速发展代表了整个第三产业的进步。随着第三产业的不断壮大，未来对优化服务体验的需求将越来越高。

国内外企业的关注重心向服务业、服务体验倾斜的趋势已经具备较长历史且仍具备发展动力。国外企业例如 IBM 历经多次成功转型，典型的一次即从硬件制造企业向提供硬件、网络与软件服务的整体解决方案供应商转型；民用飞行引擎制造商罗尔斯-罗伊斯以飞行引擎的租用服务替代其出售业务，并包揽引擎的检修维护任务，为航空公司提供成本更低且服务更好的体验。国内企业起步略晚，然而在发展趋势与内核上与国外并无二致。蔚来作为新能源汽车领域的有力竞争者之一，其秉承"一切皆与你有关"等以服务体验为动力的发展理念，在运营基础的新能源汽车业务的同时，在客户服务体验与社群维护的版块投入了相当多的资源。例如 NIOpower 为蔚来车主提供了全场景下快速换电或快充的加电服务，NIOservice 为蔚来车主构建了包括用车养车在内的服务生态，NIOHouse、NIOLife 等专为用户打造了生活社区，在每个角落都明确体现着蔚来想与用户交朋友的服务体验理念，如图 1-4 所示。

图 1-4　蔚来 NIOLife 和蔚来 NIOHouse（局部）

在政府层面，《国务院关于加强数字政府建设的指导意见》中强调：数字政府建设在服务党和国家重大战略、促进经济社会高质量发展、建设人民满意的服务型政府等方面发挥重要作用。人民寄予厚望的政府与高等教育机构不仅需要承担起调控促进经济社会发展的责任，同时也需要在为人民服务的过程中提升人们的满意程度与生活的幸福度。例如：北京市建立了一套覆盖四级（市、区、街道、社区）的网上政务服务体系，几乎所有政务服务事项都可以在市政务服务网上办理，其中 97.98% 的事项实现了"全程网办"；宁夏回族自治区工业和信息化厅致力于解决中小企业数字化转型中的难题,提供个性化且低成本的数字化转型服务;浙江省在 2016 年底首次提出了"最多跑一次"改革,坚持需求导向,目的是通过实际行动增强人民群众的获得感,改善"办事慢、办事繁、办事难"的问题,从而提升人们的服务体验,如图 1-5 所示。

图 1-5 "浙里办"App 办事界面

衡量服务质量的关键标准在于服务体验。国家在政策上的鼓励,以及政府与企业在服务提供方面具体行动的落实等种种宏观与微观的迹象均表明,对于服务体验关注度的提升正在成为不可避免的趋势。

1.1.2 服务体验:通向新阶段发展的钥匙

随着数字时代的迅速崛起,我们正面临着全新的消费格局和市场挑战:消费时代发生变革、流量策略失效、获取和留住客户的成本持续走高,如图 1-6 所示。在这三方面的影响下，服务体验将成为企业和政府机构关注的核心议题。

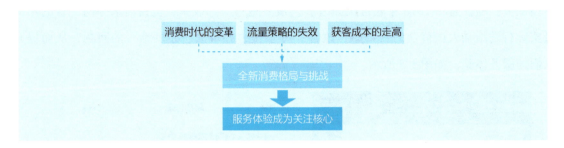

图 1-6　全新的消费格局和市场挑战

消费时代发生变革，信息透明度增加且更趋向于口碑和社交推荐。一方面，互联网和社交媒体的普及使消费者更容易获取产品和服务的信息，包括价格、质量、用户评价等；另一方面，消费者倾向于相信朋友、家人和同事的建议，社交媒体上的口碑和推荐对消费决策具有重要影响。例如，消费者在进行购物等消费活动之前，通常习惯于利用各种社交媒体平台来获取测评和评价，如小红书、大众点评及微信朋友圈等；在办理业务的时候，人们也会在当地政府网站或社交媒体上查找相关政策和注意事项，这些信息通常相对真实且有很好的时效性。

广告饱和和广告拦截技术的发展使得流量时代的策略失效。流量是指有价值的信息在不同渠道中传播，早期可能出现在报纸、电视甚至街头。如今，随着互联网等数字技术的广泛普及和发展，流量主要存在于各大社交媒体平台和购物平台。然而，流量的作用不再像几年前那样有效。一方面，广告市场变得饱和，用户对广告的忍受度下降，社交媒体的发展也使得顾客不再完全信任商家的宣传；另一方面，许多用户使用广告拦截器和反广告技术，这使得传统的广告模式不再有效。企业需要关注提供有价值的内容和良好的服务体验，寻找其他方式来吸引用户，而不仅仅是依赖广告。

市场竞争激烈，获取和留住客户的成本持续走高。一方面，不同平台之间的竞争愈发激烈，消费者的关注和流量分散到各个主要平台。例如，在购物领域，有天猫、京东、拼多多以及闲鱼等基于不同消费理念的众多选择；在社交媒体领域，抖音、小红书、微博等平台也在争夺不同的用户群体。尽管一个人同时关注几个社交媒体和购物平台是很正常的情况，但各个平台可能提供不同的理念和服务，这导致了流量会被竞争平台分散。另一方面，消费决策与社交媒体的发展使得保持现有客户比吸引新客户更经济高效。研究表明，留住客户比获得新客户更便宜，而且仅将保留率提高 5% 就可以将利润提高 25% 以上。根据平均数据估算，忠实顾客的价值相当于他们首次消费额的 10 倍。维护用户忠诚度（也被称为提高用户黏性）已经成为降低企业前期宣传和推广成本、提升品牌溢价和盈利的重要策略，而提高用户黏性的最直接方式是关注他们在使用服务或购买商品的整个过程中所获得的服务体验。

消费决策的变革、流量时代策略的失效与获客成本持续走高是促使企业和政府机构持续关注服务体验的三大因素。企业为了探寻持续增长的动力关注服务体验、政府机构为了满足人民对美好生活的向往而致力于改善人民群众的办事服务体验，二者的目的虽然有别，但是注重服务体验的反馈与管理，并依此为后续发展铺垫的内在是相通的。

1.1.3 增长密钥：策略侧重点的变迁

"增长"一词一直以来都是许多从业者和决策者无法回避的一个话题。从其代表"增加"和"提高"的原意出发，我们可以看到它涵盖了许多不同的目标指标，比如"用户增长""销量增长"等。目前"品牌增长"也在业界达成共识且逐渐显露发展势头，诸多观点认可打造品牌与 IP 的重要性，正视仅依靠产品或服务品类、流量具有局限性。在形成了这种类似认知的基础上，如何促成品牌增长已成为困扰企业和机构的难题。为了解决品牌增长的难题，每个不同时代的独特环境都有着对应的密钥。

在 21 世纪早期，消费渠道成为适应时代需求和实现增长的密钥。在当时的情况下，各类物质条件、社会生产力远不如当下这般充裕，几乎每个产品或服务的品类都是相对新颖且缺乏竞争对手的。当时的信息传播、物流传输渠道也远没有如今这般方便快捷低成本，信息传播多数来源于报纸、广播，后期少数可能来源于电视，物流亦尚未建立如今相对成熟的快递仓储体系。社会生产力与物质条件水平相对较低，产品或服务品类同质化程度低，信息物流成本又相对偏高，在这种情况下消费的渠道便成为适应时代的增长密钥。当时，消费者在获取信息和进行消费方面的选择非常有限。电视广告曾经是早期线上渠道中的主要推广手段，例如首次采用明星代言的"三九胃泰"、长期占据黄金时段的"脑白金"以及伴随背景音乐的"红塔山"等。而线下渠道在不同的产品和服务品类中也扮演着重要角色，因为当时商家和顾客之间的信息差距较大，用户无法轻松获取与产品或服务相关的评价或口碑信息。因此，超市和便利店等实体店铺成了主要的线下购物渠道，如果能够在线下渠道有效推广，相关产品或服务的品类也能够获得更多的增长。

随着国内经济和生产力的长期快速发展，服务体验的重要性在品牌持续增长中变得至关重要。如今，用户可以进行消费的渠道愈发丰富，获取信息的手段也更加多样化且成本更低。在这个新的语境下，渠道仍然发挥一定的作用，但不再像过去那样主导一切。近年来的趋势表明，流量不再是唯一关注的焦点，特别是在竞争激烈的市场中，用户变得更加理性，更注重产品或服务的质量和价值。由于商业信息的不对称性减小，用户更加依赖他们的体验和其他用户的评价来做出决策。因此，对于服务体验的关注变得尤为重要，因为用户的认可和积极评价最终将决定品牌的持续增长。在这一新的环境中，提供卓越的服务体验成为重中之重，它直接关系到用户是否愿意继续支持品牌并分享积极的口碑。因此，对用户与服务体验的重视成了当前品牌持续增长的密钥，如图1-7所示。

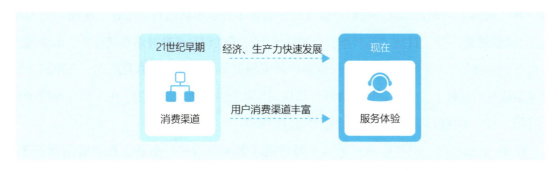

图1-7　品牌增长密钥的变迁

品牌增长的密钥正在从过去的消费渠道向服务体验转变，这种变化受到多方面因素的影响。首先，用户变得更加理性，更关注产品或服务的质量和价值，因此品牌的成功不再仅仅依赖于流量获取。其次，产品或服务中所包含的技术创新趋向稳定。虽然独特的、具有突破性的技术依然可以提升服务体验，但技术领域的突破变得越来越难以实现。在当前社会环境下，大多数技术已经步入稳定期，技术逐渐平权化，很难再有重大突破，而新的技术趋势通常需要大量不确定的投入和高准入门槛。例如，新能源汽车市场正面临价格内卷的挑战,而电池技术的革命性突破尚未出现,因此厂商更倾向于在较低技术需求的领域投入精力,如屏幕和车载娱乐系统。尽管如此,仍然有一些品牌能够通过技术创新实现品牌增长;关键在于寻找那些真正能够改变用户生活和工作体验的技术,并将其成功地融入产品或服务。因此,技术仍然可以成为品牌增长的有力推动因素,尤其是在能够创造独特价值的情况下。

1.2 基于数据驱动的运营现状

数据驱动的介入相较于早期的用户反馈等手段更加与时俱进并具备时代特色,基于数据驱动的运营成为观察当下服务体验管理相关情况的重要窗口。目前,基于数据驱动的方法具有广泛的应用前景,并且很多行业领军者都有成功案例。从业者普遍认可这一趋势,并且大多数机构或企业在这方面都具备充足的发展空间。

1.2.1 数据驱动:普遍达成共识

国内外政府机构和各类企业已经普遍认可数据驱动的重要性,并将其作为指导决策的方法论;不仅如此,他们还在实际应用层面积极探索这一理念具体落地的方法路径,如图1-8所示。

图1-8 企业与政府机构就数据驱动普遍达成共识

我国在 2021 年 3 月发布的"十四五"规划纲要中提出"加快数字化发展，建设数字中国"，这一政策鼓励并支持各行各业、各机构朝着数字化转型的方向发展。根据《经济结构不断优化 协调发展成效显著》系列报告中的表述，第三产业的快速发展带来了新技术、新产业和新商业模式的不断涌现，尤其是信息传输、软件和信息技术服务业以及租赁和商务服务业的增加值在 GDP（Gross Domestic Product，国内生产总值）中的比重不断增加，这表明数据驱动受到了高度重视。2023 年，国务院印发了《数字中国建设整体布局规划》，其中明确提出至 2025 年需达成数字基础设施高效联通、数据资源规模和质量加快提升、数据要素价值有效释放、数字经济发展质量效益大幅增强，政务数字化智能化水平明显提升的目标。英国也早在 2012 年就颁布了《政府数字化战略》，其能够在 2016 年联合国电子政务调查评估中发挥出色脱颖而出，离不开其后续一系列转型政策的实施；美国政府在向数据驱动转型的过程中重视机构法规的完善，在数字政府运作中保证运行的标准化，还为了保障其服务质量专门成立了数字政府研究中心。

在企业层面，数字化转型的案例也不胜枚举。原百度副总裁陆奇曾表示："任何行业，都值得用数字化再做一遍。"乐高在 21 世纪初由于经受儿童玩耍偏好的改变与电子娱乐技术的冲击，曾一度濒临破产，直至企业决定将数字技术整合至其产品本身以及营销当中，如可编程的积木机器人、动画《乐高英雄工厂》以及在线社区的构建等，才再次成为积木玩具的代表；Netflix 在成立之初仅提供 DVD 租赁服务，其发展初期虽广泛尝试更新其订阅模式，但公司于 2002 年仍处于亏损状态，直至 2003 年后结合著名的 Cinematch 排名算法才显著改善其订阅服务体验，并在全球广泛覆盖其业务；中石化在 2021 年 8 月将其安工院研发的危险化学品安全生产风险监测预警系统接入全国六千多家危险化学品企业的危险源储罐区与高危工艺装置，基本实现风险的合理量化评估，对突发事件的预测与防范都更上一个台阶。

在新时代，数据是生产资料；各种软件、工具和平台是生产工具；而生产力，则是算力和服务力。尤其是在人工智能、大模型时代，谁拥有数据，谁就有发言权。在大数据基础上，如何开发、提供各种简便的工具，将数据生成新内容，创造新场景、新服务，带来新体验，是企业和政府要考虑的重要内容。而快速的计算能力、精准的服务能力，则是当今世界各国在信息技术顶端展开角逐竞争的核心动力。

1.2.2 数字化运营：行业领军者的秘籍

数据驱动的运营方式相对于传统运营手段表现出了卓越的先进性。传统运营通常从产品和职能两个维度进行分类。产品包括面向消费者的 C 端产品和面向商业客户的 B 端产品，而职能包括用户运营、内容运营、社区运营和渠道运营等。虽然传统运营也会使用互联网技术来获取数据，但这些数据往往仅用于反馈运营质量，即判断是否满足用户需求，而没有在决策制定阶段发挥规划作用。决策主要依赖运营人员的判断，这可能导致决策与实际用户之间存在脱节，因为决策始终是基于运营人员的视角，难免会出现与以往传统设计流程中的"伪需求"相似的情况。此外，为了在信息高度发达的时代中生存，追求热点和时效性也是传统运营的特点，但当市场趋于饱和时容易导致内容同质化和人力资源的过度消耗。相比之下，数字驱动的运营方式可以被视为传统运营手段在互联网和大数据技术发展下的必然结果。数字驱动运营不仅可以利用数据分析和统计报告来辅助做出正确的决策，还可以评估决策是否发挥了正向作用。

数字化运营程度领先的企业，通常也是其行业领域的领军企业，这是因为数字化运营的能力在提升竞争力方面发挥了关键作用。根据神策数据发布的《2022 中国企业数字化运营成熟度报告》中的分析，可以根据企业的数据驱动能力将其分为领军者和追随者两大阵营。领军者在用户洞察、用户运营、数据驱动能力和策略定制等方面具有更深层次的应用，从而获得了竞争上的优势。在用户洞察方面，数字化运营使企业能够更充分地利用数据来深入了解市场和客户需求，从而更精确地制定战略决策。这种数据驱动的决策能力帮助企业更好地把握市场动态并顺应变化，更快地推出新产品或服务，保持竞争优势。在用户运营方面，通过分析客户数据，领先企业能够更好地理解客户的兴趣和需求，提供个性化的产品、服务或量身定制解决方案，这有助于吸引更多客户并保持他们的忠诚度。在数据驱动能力方面，领军者投资于强大的数据基础设施，能够高效采集、存储、运用和管理大量的用户数据，确保数据的高质量、安全性和高效性。同时他们利用数据科学和机器学习技术来从数据中提取深层洞察，进行预测性分析，自动化决策过程，并发现潜在的商业机会。在策略定制方面，自动化和智能化的流程和工作方式可以降低企业的运营成本，提高效率，从而使企业能够更具价格竞争力，这使得领先企业能够在市场上占据优势地位，并更好地应对竞争压力。数据驱动已经成为政府机构和企业在现代业务环境中取得成功的关键因素之一，领先企业能够更好地利用这些优势来保持竞争力并领导市场。

例如，国内用户广泛使用的两个代表性音乐平台——QQ 音乐和网易云音乐，每年都会发布个性化的听歌报告，如图 1-9 所示，这些榜单基于用户在平台上的各种活动和数据进行分析，这种个性化总结不仅让用户拥有更强的参与感和认同感，还激发了他们分享的愿望，进一步扩大了平台的用户群体，这个过程不仅能吸引新用户，还能有效地维持老用户的黏性；2017 年，云南白药借助阿里平台对用户进行了数据采集和分析，结合云南白药产品的特性和目标人群，制定了大数据、明星和 IP 联名营销策略，这一策略在短时间内为品牌增加了超过 30 万的粉丝。另外，国外领先的外卖便当企业玉子屋和平价服饰企业优衣库也充分利用数据分析来提升运营效率：玉子屋根据用户的联系信息和回收餐盒等数据进行分析，提前预测食材用量以减少浪费；而优衣库则根据每日不同款式的销售量、尺寸等数据来管理库存，保持较低的库存水平，以适应快速变化的潮流趋势。

图 1-9　2022 年度 QQ 音乐与网易云音乐年度听歌报告

1.2.3　中国数据驱动发展的现状：挑战、实践与前景

数据驱动在各行各业的应用流程中通常包括数据采集、对于数据的推断分析以及对数据

的应用。上述三个环节从最简单的数据收集出发到难度最高的数据应用与决策，由浅入深的实施难度成为评价企业或政府等机构数据驱动水平的相应标准。

国内企业在数据驱动方面的整体表现仍处于较初级阶段，与国际领先企业相比，存在明显差距。国内领军企业，如百度、京东和哔哩哔哩，在数据驱动决策方面积极探索，分别通过利用海量搜索数据、建立数据仓库和尝试新的数据服务方案来支持业务决策和市场分析。这些做法反映了国内企业对全球数据驱动先进实践的学习和借鉴。然而，与谷歌、亚马逊和Netflix等国际领军企业相比，国内企业在数据分析的深度和广度，以及数据驱动创新的实践方面还有较大的提升空间。这些国际企业通过长期积累的用户行为数据分析和精细化的运营决策，已经构建了强大的数据驱动生态系统。

与拥抱数据驱动并将之付诸实践的领军者不同，国内还存在诸多苦于数字化转型与实施的企业，导致其数据驱动水准较低的主要原因有二：一是落实推进数字驱动的门槛相对较高，二是部分企业在决策时经验主义参与的权重较高。落实数字驱动最基础的一步——数据采集包含对数据的种种要求标准，如同时在前后端、日志或数据库建设数据的全面性，对产品、事件进行多维度数据采集的精细化，还要保证数据采集的实时性等。较好完成上述基础标准为后续应用打下坚实基础，对企业经营、管理等能力来说是一项挑战。经验决策与以数据为依据进行决策的冲突亦影响着一众企业的数据驱动水准，如海尔早在2010到2014年间就对中间管理层进行了优化，结合张瑞敏在沃顿商学院全球论坛的观点，其目的就在于避免中高层在企业转型阶段沿用以往经验主义进行业务判断与决策；家乐福作为20世纪初强大的传统零售企业，受到电商模式冲击后在经营决策层面未及时重视数字化转型，而后来沃尔玛、永辉与京东进行合作取得先机，家乐福则销声匿迹。同样作为决策的支撑，经验驱动与数据驱动的区别在于数据驱动所依赖的数据强调时效性，经验则皆来源于过去并可能随时代变迁失效。以经验驱动决策势必减少对数据驱动的重视，并普遍导致数据驱动水平的低迷。

政府机构也存在数据驱动水平较低的问题。我国一些地方政府在管理决策过程中，对大数据技术掌握程度和熟练程度较低，对大数据应用的技术能力较弱，大多数还处于对数据进行收集和管理的层面，明显滞后于商业企业中对数据资源的挖掘和利用能力，从而导致对现有数据的开发程度较低，多数数据处于闲置状态。国务院2022年颁发了《全国一体化政务大数据体系建设指南》，指南指出各地区各部门要加强数据汇聚融合、共享开放和开发利用，促进数据依法有序流动，结合实际统筹推动本地区本部门政务数据平台建设，积极开展政务大数据体系相关体制机制和应用服务创新，增强数字政府效能，营造良好数字生态，不断提高政府管理水平和服务效能，为推进国家治理体系和治理能力现代化提供有力支撑。

1.3 数据驱动决胜用户与服务体验管理

对于数据驱动的推崇并不是毫无根据的，它在企业和各种机构的运营成本、定价策略等方面展现出了巨大的优化潜力，为这些组织的持续经营和战略制定提供了强大的支持，如图 1-10 所示。

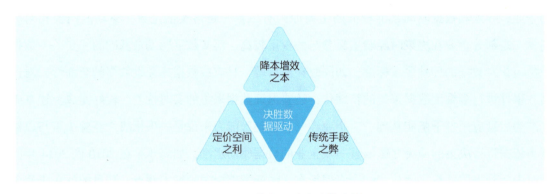

图 1-10 通过数据驱动决胜体验管理

1.3.1 降本增效之本

企业与政府机构的持续发展运营需要健康的财务、经济状况作为支撑，简单来说即需要收入与支出保持平衡或有所盈利，至少避免长期的亏损，企业或政府机构若希望持续发展，无外乎提升收入或减少支出两条路。降本增效作为减少支出层面常见的理论方法，关键在于省去产品或服务提供整体流程中所不必要的环节以及对应的资金，同时提升员工、流程之间的效能。本节侧重点在于降本增效之本，即针对成本或者支出的优化。

仅凭借经验或指标等选择环节优化以完成降本增效具备一定风险，如图 1-11 所示。首先,凭借经验进行环节优化可能受到主观偏见的影响,决策者可能根据个人经验或偏好做出决策,而忽略了潜在的数据支持和客观分析。另外,仅依赖指标选择环节优化也存在一定限制。指标可以提供一些关键的数据指示,但单一的指标可能无法全面反映环节的复杂性和潜在的相互关系。过于依赖单一指标可能导致局部优化,而忽略了整体流程的综合效益。此外,指标本身也可能存在局限性,如数据的完整性差、准确性低或时效性弱等问题,这可能导致基于指标的决策不够准确或可靠。常见的如裁员、降低薪资待遇或减少员工福利等措施虽在降低成本的指标层面有明显见效,其副作用却同样明显。2023年初发生在英国的薪酬争议、发生在法国的退休制度改革争议所导致的两大罢工足以说明,在员工薪资或福利处的"降本"不仅不利于激发员工工作的积极性与效率,反而是导致躺平或者摆烂的元凶。

图 1-11 不同方法判断选择优化的方向

如何判断并选择需要优化的环节是一门复杂的学问,而数据驱动为这门学问提供了高效的助力。数据驱动的方法可以帮助决策者以客观的方式评估当前环节的表现,通过实时的反馈和指标来揭示隐藏的问题和机会,并基于数据做出决策,避免了基于主观判断导致的潜在风险。同时,数据驱动的方法还可以使用历史数据来进行预测和模拟,评估不同优化方案的潜在效果。

通过相关数据统计或建模分析的支持,可以确证存在值得优化且不必要的环节,并避免在其他层面产生不良影响,从而真正达成降低成本的目标。全国汽车销量与推广成本的关系就是一个例子。艾瑞咨询的数据显示,2022 年中国汽车销量为 2686.4 万辆,而根据 AdTracker 提供的数据,汽车行业月度展示广告投入平均指数为 6 亿左右,意味着其中仍有大量充水。如今一辆豪华车的广告成本要 5000 元之多,但这其中流量的真实性、有效性，却缺乏清晰可靠的评估。除销售层面外，数字驱动还能为研发、生产、工艺、服务中产生的成本提供优化。例如，企业可以收集和分析供应链相关数据，包括采购成本、库存水平、交货时间等，识别供应链中的瓶颈和低效环节，采取相应的措施来降低成本；通过收集和分析员工数据，如绩效评估、培训记录、离职率等，可以识别低绩效员工、培训需求、高离职率部门等问题；通过收集和分析流程数据，如处理时间、错误率、重复劳动量等，可以识别低效环节和手动操作的痛点；通过比较不同供应商的价格、质量和交货时间等数据，企业可以做出更明智的采购决策，并与供应商进行有效的谈判；通过分析某一页面的访问率、流失率、转化率等，可以知道该页面商品的购买、交互设计、界面设计等因素。

美的在广东省制造业数字化转型现场会上介绍其投入超 120 亿元推动"数字驱动"战略，美的集团高层表示：公司以数字化为支撑，提升全产业链资源整合能力和协同效应，推动供货周期压缩、库存下降、品质和柔性制造能力提升，通过数据驱动，对供货周期与库存进行压缩，优化了仓储、人力等成本并提升了效率。数据驱动在很多时候能够为判别流程中真正不必要环节提供支持，在降低成本的同时维持或提升原有的效能。

1.3.2 定价空间之利

盈利能力是衡量企业财务健康的核心指标，受到多种因素如价格和盈利模式的影响。企业在制定价格策略时，通常会首先考虑市场的供需关系、自身的市场地位以及面临的竞争压力等因素。然而，对于那些市场上未形成垄断地位且仍处于激烈竞争中的企业，关键在于如何在众多同质化的产品和服务中塑造出差异化的价值。

差异化价值是相对于同质化竞争而言的概念。在没有出现具有足够话语权的垄断企业的领域，差异化价值可以赋予企业定价的能力。根据京东宠物发布的《2022 年中国宠物行业趋势洞察白皮书》，2022 年中国宠物实体市场规模达到了 1158 亿元，如图 1-12 所示。在品牌方面，2022 年已有超过 200 个品牌在京东宠物上获得了 100% 以上的同比增长，超过 100 个品牌的同比增长超过了 50%。这只是 2022 年获得大规模增长的品牌数量，根据天眼查的数据，自 2019 年以来，我国已经涌现出了超过 75 万家与宠物相关的企业。而根据宠物市场的细分，宠物食品的市场份额达到了 46%，其中宠物主粮占比达到了 34%。市场细分主要集中在宠物食品、日用品以及医疗保健等领域,企业数量相对较多,这意味着宠物企业需要确保其产品或服务具备足够的差异化价值,以在激烈的竞争中脱颖而出。当前已经出现的差异化价值趋势包括猫狗干粮中的烘焙粮、天然粮,面向老龄宠物的专粮,低尘无尘猫砂等。在这种背景下,面向竞争激烈市场的产品已经开始自主定价,而不是被市场资本左右。然而,最终的决定仍然取决于用户,用户对产品的认知价值与定价之间的平衡成为至关重要的因素。

图1-12 中国宠物市场与家庭发展趋势

用户的认知价值之所以成为定价的标准,是因为用户会愿意为他们认为物有所值或超值的产品和服务付费。这意味着用户在购买决策中,会考虑产品或服务是否符合他们的期望,是否能够满足其需求,以及是否具备足够的附加价值。如果用户认为某个产品或服务超出了他们的期望,提供了额外的价值,他们通常会更愿意支付更高的价格。因此,用户的认知价值不仅会影响他们的购买意愿,还会影响他们愿意支付的价格范围。这也解释了为什么一些品牌能够成功地实现定价高于市场平均水平的产品或服务,因为他们成功地创造了与用户认知价值相符的差异化价值。

然而,用户群体具有高度的社交性和个性化。这意味着不同用户群体对于同一差异化价值的认知可能存在较大差异。以往,可能会根据用户需求的强弱、产品的稀缺性,或者用户群体的文化和经济背景等因素进行粗略的划分,以估计用户对产品或服务认知价值的范围。例如,根据年龄来划分,年轻人追求新潮和时尚,可能会认同元气森林的理念并愿意为之买单,而中老年人群则可能不会对其产生高度的认知价值。然而,现在是一个追求个性化的时代,传统的划分方法可能显得太过笼统,即使再细分到个人级别也会显得不够精确。因此,数据驱动的体验管理迫切需要介入,以便实现高度个性化的体验管理。高度个性化的体验管理可以在早期准确洞察用户群体的认知价值范围,找到溢价的空间,如图1-13所示。这种策略在许多网约车平台上已经得到应用。根据复旦大学孙金云教授团队在五个中国城市进行的关于打车软件的调研报告,苹果手机更容易接到专车或优享车型的订单,而非苹果手机的价格则与车型的价格呈正相关关系。简而言之,手机越昂贵,车费可能越高。这虽然并非数据驱动体验管理的直接应用,但它表明了数据驱动与用户群体个性化之间的结合可以发现不同用户群体对认知价值范围或价格敏感性的不同看法,从而进一步挖掘更多的定价空间。

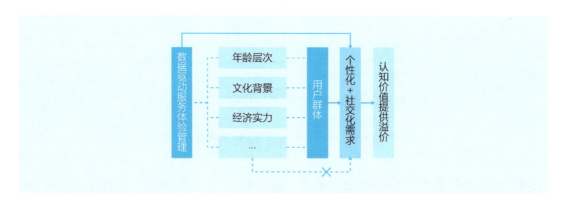

图1-13 数据驱动水平在各行业现状

1.3.3 传统手段之弊

在当前企业和政府机构广泛关注服务体验的背景下,获取用户行为和体验数据成了关键前提。通常,这些数据的获取主要依赖传统调研方法,如问卷调查和用户交付产品或服务后的反馈。最常见的应用场景可能是在线购物平台中,用户完成购买并收到快递后会被要求对购物体验进行评价。这些评价通常涵盖了对产品本身的满意度以及对快递配送的包装、速度等方面的反馈。然而,这些评价和问卷可能存在一些不太明显的问题。

具体来说,在用户主动反馈方面存在一些挑战,如图1-14所示。首先,用户评价的内容和形式通常受到限制,例如网购评价时只有商品评级、快递包装、送货速度与配送员服务的星级评定是易于量化与使用的数据，较为关键的用户主观评价在充分表达其个性与特殊性的同时，其内容却难以为产品与服务的企业所洞察。其次，用户的评价可能受到形式载体的限制或者受到利益驱使，导致反馈信息的真实性受到影响。例如，一些小型商铺在用户购买商品或服务后，可能会要求用户在评价中直接复制商家提供的评语内容，以换取商家提供的红包返利。此外，用户的评价可能受到问题引导或者未知因素的影响，从而导致用户的选择受到偏导向性描述的影响。这些问题都可能导致用户反馈的信息不够客观和准确。

图 1-14　主观反馈输出的一般流程与影响因素

为了克服这些问题，数字驱动技术已经开始广泛应用于服务体验数据的收集和分析。这种方法可以采集用户难以察觉的前端和后端数据，常用的前端数据包括点击路径、选择内容等，后端数据包括用户产生的浏览信息、具体的检索内容、订单以及支付方式等。随后，利用常见的数据建模算法，如 NLP（自然语言处理）语义探索、GBDT+LR（梯度提升决策树和逻辑回归）、深度学习等，结合具体的业务需求，对采集的服务体验数据进行处理和分析。与传统方法相比，数据驱动服务体验管理有效地避免了对服务体验数据的主观处理，将数据以数字化的方式呈现给相关从业人员，更准确且更客观。这种方法在成本控制和认知价值等方面具有显著的优势，因此在服务体验管理中得到了广泛的应用。

1.4 将数据驱动落实到服务体验管理

明确数据驱动服务体验的优势与基本共识后,如何将其切实落实到服务体验管理之中亟需考量。首先需要落实的当数从流程驱动转向数据驱动,毕竟驱动的要素从本质上影响用户与服务体验的管理效果。此外,依据现有的先进案例或理论,要落实数据驱动,通常需要配套以用户为中心的系统化解决方案,真正关注用户群体的生活品质,并且能够根据数据驱动来实施决策,如图 1-15 所示。

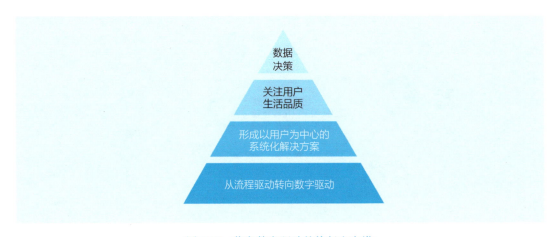

图 1-15　落实数字驱动的执行金字塔

1.4.1　从流程驱动转向数字驱动

传统的服务体验信息收集与管理依赖于相对固定的流程,也就是流程驱动。这个流程通常从体验规划开始,其中包括设定体验目标、设立组织结构和分工,以及强调"以用户为中心"等相关理念。在规划体验目标时,依据通常来自前期的调研和用户访谈等用户主观体验信息。随后,根据规划,进入体验设计阶段,体验设计师会根据调研结果,设计不同场景、企业或机构的体验流程。例如,在互联网企业中,UX 设计师通常会优化互联网产品的服务体验,而在其他线下机构或网点中,体验设计可能更关注员工的服务方式、微笑、动作和话术等方面的设计。设计完成后,会进行验证、测试和优化,通常还依赖传统形式的调研等方法。设计流程完成后，体验将投入使用，这通常称为体验实施，它涉及设置埋点、触发调研问卷或优惠机制，以及收集更多实际体验数据信息。这个阶段也衔接了体验度量流程，主要是对设计的体验进行综合评估，通常使用传统的满意度、Net Promoter Score（NPS）或北极星指标等工具来判断用户实际体验是否达到预期。这四个环节循环交替，形成了传统服务体验管理的流程，这些环节相互关联，缺一不可，因此属于流程驱动的模式。

传统的流程驱动服务体验管理涉及多个部门的工作人员，对各部门之间的信息同步与相互协作造成了较大考验。此外，整套体验设计流程通常需要较长时间，在出现问题或反馈时，可能很难及时做出调整。另外，传统方法主要依赖于调研和访谈等手段来获取主观数据，这些数据容易受到用户和工作人员主观判断的影响，从而导致伪需求或不准确的反馈。即使是委托市面上的一些调研公司来开展相关调研和分析，也可能会陷入所聘请的被试是水军的尴尬境地。

为了及时而准确地了解服务体验管理中的需求和问题，以及快速反馈并提高整体体验管理质量，需要将流程驱动模式转变为数据驱动模式。在数据驱动模式下，数据参与体验规划、设计、用户实际体验和反馈的整个过程。这些数据包括用户的渠道数据（例如不同渠道带来的用户数量、访问时长和深度）、行为数据（例如用户关注的内容、任务完成情况和持续时间）、活跃度数据（例如用户的活跃度和转化率）以及态度数据（例如用户评价、点赞和收藏数量），如图 1-16 所示。结合数据建模和算法等工具，剔除和清洗一些冗余数据之后，就可以更轻松、实时、准确地了解服务体验管理中的需求和问题，以快速反馈并提高整体体验管理质量。

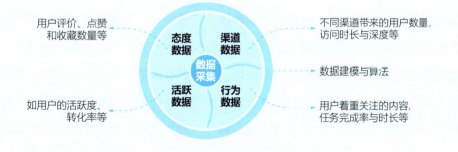

图 1-16　采集的各类数据对应不同的服务体验

1.4.2 形成用户为中心的系统化解决方案

一旦确定了从流程驱动向数据驱动转变这一基本思路和方向，企业或政府机构对于以用户为中心的系统化解决方案的需求在实际应用中将变得日益显著，这有助于确保"用户为王""以人为本"等常见理念不仅仅停留在口号上，而能够在实际操作中得以体现，实现"创造出能真正愉悦用户、提供优质服务体验"的目标。

这种从流程驱动到数据驱动的转变在实践中的重要性得到了广泛验证。举例来说，亚马逊作为全球电子商务巨头，一直以来将数据和用户至上作为其战略核心。他们通过大规模数据分析，不仅了解用户购物习惯，还预测用户可能感兴趣的产品，从而实现了高度个性化的推荐系统。这一举措不仅提高了用户购物体验，还显著增加了销售额。政府机构也意识到数据驱动对于提高公共服务的质量和效率的重要性。新加坡政府的"智慧国家"计划是一个鲜明的例子，他们整合了大量的数据源，包括交通、医疗、教育等领域，以提供更智能、更个性化的公共服务。通过数据分析，他们能够更好地了解市民需求，并根据实际情况调整政策和服务，使城市运营更加高效，市民生活更加便捷。

这些案例表明，将用户放在服务的核心，通过数据驱动的方法来满足他们的需求，不仅能够提高用户满意度，还能够实现商业和政府机构的战略目标。这种转变需要组织深入理解用户，并将数据应用于决策和改进的方方面面，以实现"用户为王"和"以人为本"的理念，从口号变为切实可行的实践。

1.4.3 关注用户生活品质

关注用户生活品质也是实施数据驱动的体验管理的一个关键因素，因为用户的生活品质直接影响他们对服务的期望和满意度。用户不仅仅是购买者，更是生活的参与者，他们希望服务能够提供更多价值，使其生活更加便捷、愉悦和有质量。通过关注用户的生活品质，服务体验可以更好地定位和满足用户的需求，提供符合其价值观和期望的服务，从而增强用户忠诚度、口碑传播力和长期合作的可能性。此外，关注用户生活品质还有助于服务提供者更好地理解社会趋势、文化背景和个人偏好，以不断优化服务，推动创新，实现可持续的业务增长。

有人的地方就有生活，有生活就有体验。尽管在洞察服务体验并进行管理改进的过程中，使用算法和模型来规避主观因素可能是一种适当的方法，但不能完全忽视使用问卷调查和访谈等简便、易行的方式来获得主观数据。主观数据可以充分反映用户的个体生活特点，因为大部分评价和观念都源自用户的生活场景。主观数据是在各个关键触点或场景中收集的、通过对目标用户进行精准调研而产生的数据。它旨在发现在特定场景下用户的需求、痛点以及尚未得到满足的隐性需求。将采集的主观数据与数字驱动的客观数据相结合利用，可以在获取用户真实信息和实际体验方面取得更好的效果。这种综合使用不同类型数据的方法有助于更全面地了解用户，帮助企业、政府部门或机构更好地满足用户的需求，提高他们的生活品质。

实际上，关注用户生活品质的理念已经在企业的各种运营方针中得到体现。例如，海尔智家在与央视合作举办的"新时代幸福家——新年科技发布会"中强调了企业发展的本质是"助力用户的高品质生活"。海尔智家副总裁兼中国区总经理徐萌也表示："海尔智家提供的不再是一件件商品，而是涵盖家装、家居、家电、家生活等一切所需的解决方案，是一种更高品质、更便捷智慧的新生活。"时刻关注用户生活品质已经成为包括海尔智家在内的许多企业的发展理念。这种理念强调了企业不仅要提供产品和服务，还要为用户创造更高品质、更便捷的生活体验，以满足需求和提高生活品质。

在国家政府机构等领域，提高人民生活品质同样是一个重要关注点。例如，在国务院于2021年10月发布的《关于推动生活性服务业补短板上水平提高人民生活品质的若干意见》中，强调了需要提高人民生活品质，更好满足人民群众日益增长的美好生活需要。同时，该意见中还强调了推动服务数字化赋能的重要性，并提出了一系列政策方针，包括加快线上线下融合发展、推动服务数据开放共享等。这些政策方针不仅有助于提高人民的生活品质，还推动了数据智能驱动的应用。具体来说，政府鼓励各类市场主体积极拓展在线技能培训、数字健康、数字文化场馆、虚拟景区、虚拟养老院、在线健身、智慧社区等新型服务应用；同时，加强线上线下融合互动，通过预约服务、无接触服务、沉浸式体验等方式扩大优质服务的覆盖范围。这些政策措施旨在提高人民的生活质量，注重服务体验，促进生活性服务业的数字化和智能化发展。

1.4.4 落实数据决策

服务体验管理需要根据具体的情况进行具体分析,并依据数据驱动体验管理做出相应决策,选择适当的运营和商业策略。

与前文列举的运营策略不同,本章节所表述的策略更具广泛性,更倾向于贯穿企业提供服务的多方面决策流程。这在以提供交通工具设计或服务为主要业务的企业之间表现出明显的相似性。例如波音公司根据其飞机上传感器元件所收集的数据检测其飞机在飞行中表现出的性能,而这些数据是波音公司识别并提高燃油效率与改进潜在安全问题等相关决策的强力依据与助力;沃尔沃在其卡车产品中嵌入 CPU 与传感器,沃尔沃前 CIO Rich Strader 表示,这可以将产品设计缺陷的发掘条件从原本的 50 万台销量减少到 1000 台,为合理解决缺陷的决策提供了更多时间;特斯拉为实现自动驾驶功能,在车中植入一些传感器,分布在车身的前后左右,来实现对周围环境的识别、分析和预测,从而为自动驾驶提供所需的信息和指令。上述案例表明,在数据驱动的支持下,更广泛、更整体的决策制定过程变得更加可操作。

神策数据在《2022 中国企业数字化运营成熟度报告》中提出了评价当前中国企业与政府机构的四个评估维度,包括数字洞察能力、数字运营能力、问题处理能力以及数据决策能力。在这些维度中,数据决策能力是评分最低的一项,无论是在整体中国企业还是在各个行业中,这一能力都有较大的发展空间和潜力。这表明,数据驱动作为决策制定的辅助和依据具有相当大的发展潜力,可以在不同领域中取得显著的优势。宝洁的首席分析与洞察官 Kirti Singh 曾在一次会议上表示,该公司正在寻求为分析和洞察创造下一个 S 曲线,并找到更快、更好、更便宜的方式来覆盖其全球 5 亿用户;其遵循"目光关注消费者,行动体现在键盘上"的理念,利用行为科学、大数据等技术来更好理解消费者行为,进而用于产品开发与营销策略的制定。思科在探究新的思想领导力方法时,思科安全正在发布一系列基于研究的、数据驱动的研究,以支持其在预测性维护、客户服务体验优化方面决策选择。

对于企业来说,将数据驱动落实到服务体验中是为了做出更有盈利能力的决策,但是当我们将讨论的对象扩大到政府、高校等机构时,数据驱动体验管理的决策制定目的需要根据其性质做出调整。政府和高校机构虽然服务对象可能不同,但本质上都是为人民服务,坚持以人民为本,回应民生诉求,旨在确保服务有序、保障有力、效率高、人民满意。根据其本质和目标，我们可以判断用户应该是使用服务的人民，而不仅仅是政府等机构本身。虽然在推进电子政务建设时，政府等机构需要大量采购相关设备，从供应商的角度来看，将政府视为用户也是可以理解的，但是随着改革的推进，项目逐渐落实到普通群众，仅仅关注政府层面的电子政务建设拉大了与群众之间的鸿沟，即推进电子政务建设所需引入的多种数字终端导致用户使用成本的提升，并有一部分群体表现出无法克服技术层面的障碍，最终导致使用不便，难以完成政府提供的服务流程。其根本原因在于没有及时将为人民服务、以人民为中心作为目标付诸实践。如今，各种数字技术，如人工智能、大数据、区块链等，已经在普通群众中得到广泛应用和普及，普遍提高了用户对各类数字终端的使用水平。这表明政府、高校等机构迫切需要应用数据驱动服务体验管理，以更好地为人民服务并做出更明智的决策。

第2章

用户为王：服务体验管理的原点和缘起

体验一词，在最初时更多包含亲身实践的意味，现阶段无论是服务体验还是用户体验，皆属于最初体验概念的延伸，都无法离开具备能够感知的身体——即实际的用户这一前提条件。对于服务体验的关注度、实践与理论不能脱离用户成为空中楼阁，更要正视用户在其中扮演的基础性角色并与时俱进。

2.1 用户到底需要什么

前文提到了服务体验和需求之间的无限循环更新，旧有需求带来旧的服务体验，随着服务体验的优化与革新又催生了新的需求。这一观点凸显了需求在服务体验管理中的关键作用，以及它在推动服务体验不断革新方面的不可或缺性。长期以来，企业和各种机构一直在进行与用户相关的持续研究，其最终目的是真正准确地倾听用户的声音，理解和满足用户的需求；甚至引领用户，创造新消费。

本章主要从"用户"的角度出发，这是因为企业和政府等都致力于创建更优的产品和服务体系来满足不同群体的需求：前者基于商业本质需要盈利以实现其价值，因此通常将使用其某种产品和服务体系的群体称为客户或消费者；后者则基于为人民服务、满足人民群众日益增长的美好生活需求等宗旨运营，因此更适合将使用对应产品或服务的群体称为民众。客户、消费者和民众这些术语虽侧重点有所差异，但仍在一定程度上存在重叠和包容关系，每个人都是用户，每个人都是价值的共同创造者。

用户需求被广泛视为获取竞争优势的重要来源。在任何有人的地方都存在服务体验，有服务体验就会催生新的需求，有新的需求就会产生新的商机，而商机需要相应的产品、系统和服务来满足。用户作为产品和服务的目标对象，必然会对自身的需求有所认识，或对使用中的产品和服务有所评价，才会在市场上自主选择认可的产品或服务。

但是，用户在表述需求时往往倾向于根据过往的经验或者主观理解总结出他们自己认为的需求，并且经常以解决方案的形式来表达，如图2-1所示。以福特汽车公司创始人亨利·福特的经历为例，如果在汽车尚未发明之前向那些主要使用马匹作为交通工具的人询问他们的需求，大多数人可能会回答他们需要一匹更快的马。这些受访者只能在已有的交通方式框架内表达自己的需求，而忽略了"更快的马"背后的本质思考，即"更少的通行时间"或"更高的运输效率"等核心需求。在这个案例中，用户呼声是"需要更快的马"，而实际的用户需求可能是"缩短通行或运输时间"。同样，如果询问一个想要拆除椅子的用户，他们可能会提出需要一把锤子的需求，而不会考虑到锯子、螺丝刀或其他更有效的拆除方式。在这种情况下，用户最终表达的呼声是需要一把锤子，但这个呼声已经经过用户的总结和归纳,并最终呈现为解决方案的形式。在这个案例中,用户的呼声仅是"需要锤子",而实际的用户需求可能是"需要一种用于拆除椅子的工具或方法"。用户对于需求的呼声在多数情况下仅能代表其真实需求的表征,而非本质。

图 2-1　用户呼声不等于用户真实需求

用户呼声与用户潜在的真实需求存在差异。为了更准确地了解用户的需求,从业人员需要深入探究用户提出需求背后的本质,去除主观偏见,避免局限于用户提出的解决方案。从用户的表述或解决方案出发,提炼需求的本质,这不仅需要考虑从业人员的经验和判断能力,还需要考虑不同社群、不同文化等背景下群体在相似表述下可能具有不同的核心需求。同样是"更快的马",在货物运输和客运服务等不同应用场景下,用户需求可能有所不同,对马的耐力、牵引力、稳定性和舒适性等方面的要求也会有所不同。因此,随着时代的发展,对用户群体进行及时、具体的细分分析,从细分用户群体的体验入手分析用户需求,采用新的生活方式、新的生活美学和新的消费语言进行细分,将成为准确识别用户本质需求的关键路径。

新生活方式、新生活美学和新消费语言相互交织、相互促进,共同构成了现代社会中人们对于生活的新态度和新追求。新生活方式提供了新的生活模式和价值观,为新生活美学的形成提供了土壤。新生活美学通过个体主体性和审美追求,为新消费语言提供了指引和动力。而新消费语言则反过来推动了新生活方式和新生活美学的发展,通过满足个体对于个性化、体验化和可持续发展的消费需求,推动了生活方式和美学的演化。

2.2 新生活方式：个性化驱动下的生活方式革新

随着科技、社会、文化等多重因素的演进，人们日常生活和社交互动的方式发生了显著变化，创造了全新的生活习惯和模式，这些变化涵盖了从工作和娱乐到社交互动和消费方式的各个方面。新生活方式通常以数字科技、智能化设备、数字化媒体和互联网服务为支撑，使人们能够更加便捷、个性化、智能化地生活和工作，越来越追求即时的愉悦服务体验。

新场景、新体验和新基建是与新生活方式息息相关的三个方面，如图2-2所示。新场景代表了这些生活方式中的具体应用场合，例如智能家居、智能交通、智能医疗等；新体验则是在这些新场景中产生的，包括用户在互动中获得的即时感知和情感等，是新生活方式的重要组成部分；新基建则是支持这一切的基础设施和技术体系，它为新场景提供了可持续的发展基础，确保新生活方式的可持续性。这三者之间相互关联，共同塑造了人们的新生活方式，推动了社会的发展和进步。

图2-2 促进新生活方式生成的三要素

2.2.1 新场景：新生活方式之本

新场景是指在不同领域，尤其是科技和社会领域中出现的全新环境和情境，通常由技术创新、社会变革或文化演变引发。这些新场景经常涉及新技术的应用，如物联网、人工智能、虚拟现实等，或是社会趋势的演进，例如共享经济、远程工作、数字化媒体等。

新场景与新生活方式之间存在密切关系，它们互相影响和相互塑造。新场景为人们提供了全新的工作、娱乐、社交和消费机会，改变了他们的生活方式。同时，新生活方式是人们对这些新场景做出的响应，是在新场景下形成的一种生活方式，包括了个体的行为、习惯和价值观。新生活方式在新场景的背景下不断演化，人们逐渐适应并采纳了新的生活方式，这反过来又推动了新场景的发展和创新。新场景和新生活方式之间是相互交织、相互促进的关系，它们共同塑造了当代社会的面貌，对商业、文化和社交等领域产生了深刻的影响。

1. 新场景当具备四大要素

传统意义上，"场景"一词通常被狭义地解释为在影视、舞台作品或场景美术中使用的术语，涵盖了特定的地点、时间和人物，重点在于创造具体画面、场景和氛围。在服务体验背景下，"场景"一词有了更为深刻的内涵。吴声在《场景革命》中提出了场景的四个独特特征，如图 2-3 所示：场景是以人为中心的最真实的体验细节；场景是一种连接方式；场景是价值交换的方式和新生活方式的表现形式；场景构成堪比新闻五要素，包括时间、地点、人物、事件和连接方式。这些特征强调了人、连接方式、价值交换和场景构成在场景中的关键作用。新场景旨在观察用户生活方式的变革，并洞察在不同场景下服务体验的变化。

图 2-3　新场景构建和发展的四要素

人是新场景的核心，直接影响着场景的本质和演化方向。无论是数字化世界还是现实生活中，人的存在和参与都是新场景的关键。人是新场景的创造者和参与者，他们的需求、行为和互动方式直接影响着新场景的形态和发展。

连接是新场景的基础，它决定了人们如何相互联系和互动。人们通过各种方式连接到新场景中，这些连接可以是物理的，也可以是数字化的。例如，智能手机、可穿戴设备和物联网技术使人们能够随时随地连接到互联网,进入各种数字化场景,包括社交媒体、在线购物和虚拟现实世界等。不同的连接方式影响着信息的传递和共享,从而直接塑造了场景的特性。

场景构成是新场景的基础框架,包括时间、地点、人物和事件等元素。这些元素共同创造了场景的特定情境,为人们的互动提供了基础。通过设计和组织这些元素,可以塑造出各种类型的场景来满足不同用户的需求和服务体验。

新场景涉及各种形式的价值交换。人们在新场景中进行各种价值交换,这种价值交换可以是物质的,如购买产品或服务;也可以是信息的,如分享经验或知识;还可以是情感的,如社群互动或点赞等。这些价值交换方式涵盖了数字支付、在线购物、共享经济和社交媒体等多个领域。新的价值交换方式不仅带来了便利性,还为用户提供了更多选择和可能性。

不同的场景可能强调不同的要素,但它们的综合作用是构建有吸引力和有意义的场景的关键。新场景的要素也不是静态的,它们会随着时间和技术的发展而不断演化。通过深入理解和综合考虑人、连接、价值交换和场景构成这四大要素,可以更好地设计和管理新场景,满足不断变化的用户需求和市场趋势,从而推动新场景的创新和可持续发展。

2. 时间是新场景的基础和推动力

时间是一个不断流逝的因素,它对生活场景和服务体验产生了深远的影响。即使在形式和价值交换方式没有发生显著转变的情况下,时间也在不断地改变着场景的本质。这是因为时间赋予了场景历史演变的维度,使其不断更新与迭代,如图2-4所示。

图 2-4 时间是新场景的基础和推动力

每一个场景都有其历史，随着时间的推移，不论是在物理结构、社会环境还是文化氛围上，它们都会发生变化。例如，一个公园可能在几十年前是一个农田，随着城市的发展，它被改造成了一个休闲公园。这个过程中，场景的本质发生了显著的变化，从农田变成了娱乐休闲的场所。时间将这个演变过程记录下来，使人们能够理解场景的历史演变。

同一个场景在不同的时间点可能会有不同的意义和价值。例如，一个街头小巷在白天可能是一个安静的居民区，而在晚上可能会成为热闹的夜生活场所，充斥了各种美味的小吃。时间赋予了场景不同的角色和功能，使人们能够在不同的时间点体验不同的乐趣和活动。这种多重意味的变化丰富了生活的体验。

时间还可以改变人们对场景的期望和需求。随着社会的发展和个人生活阶段的变化，人们可能会对同一个场景有不同的期望。例如，一个年轻人可能更喜欢充满活力和娱乐的场所，而有了家庭后则可能更关注安全和便利性。时间使人们的需求和期望不断演变，促使场景做出相应的调整和更新，以满足不同时期的需求。

最重要的是，时间是创新和进步的催化剂。随着社会的进步，新的技术、文化和思想不断涌现，革新了场景的形态和功能。例如，互联网的普及改变了商业场所的经营方式，智能手机的普及改变了人们在公共交通工具上的行为。这些创新和进步在时间的推动下不断发生，使场景保持新鲜且具有活力。

3. 新场景切换，服务体验不断

生活方式是一个人或一群人在特定时间和空间中的行为和习惯的集合，它包括了工作、休闲、社交、娱乐等各个方面。这些不同的生活方式在实际场景中不断切换，比如从家庭到工作场所、从户外活动到室内休息，每个场景都呈现出独有的特征和需求。然而，尽管场景在不断变化，服务体验从未中断，它一直伴随着人们的生活，贯穿在各种场景之中。

这一现象的背后是多种因素的综合作用。首先，人类是一种高度感知和情感驱动的生物，我们的感官和情感在不同场景中持续感知和产生反应。无论是在工作时的紧张氛围还是在休闲时的愉悦时刻，我们的感觉器官始终活跃，不断接收来自外部世界的刺激。这些刺激可以是视觉上的、听觉上的、触觉上的、嗅觉上的、味觉上的，也可以是情感上的。这些感官和情感的体验构成了我们在不同场景中的感知和体验，使我们能够适应不同的环境和需求。其次，技术的发展和普及也为体验的持续性提供了支持。现代科技让人们能够在不同场景中保持连通性，无论是通过智能手机、平板电脑、智能手表还是其他数字设备，我们可以在任何时间、任何地点获取信息、沟通、娱乐等。这使得体验得以在不同场景中延续和切换，比如在旅途中继续观看电影、在工作中接受在线培训、在家庭中远程与亲友互动。这种数字化的延续性体验使我们的生活更加便捷和多样化，为不同场景的需求提供了解决方案。此外，心理和情感因素也在维持体验的持续性方面发挥了重要作用。人们通常会在不同场景中带着情感状态和心理态度，这些情感和态度会影响他们对于体验的感知和反应。比如，一个人在工作场所可能会感到紧张和专注，对于工作任务的体验是集中和高度责任感；而在家庭中，同样的个体可能会感到放松和愉悦，对于家庭活动的体验是愉快和亲切。这种情感的变化和适应性使我们能够在不同场景中保持连续的体验，而不会中断。

体验的持续性不仅仅是一种现象，更是人类生活方式的一部分，它塑造了我们的文化、丰富了社会互动，并促进了个人成长，是构成人类精彩生活的基石。吴声曾经表示："所有的体验，因为场景的变化和切换，都将成为积极的心流体验。"由于技术和隐私等限制，对于复杂多样的生活场景，要完全分析其变化和切换可能是一项复杂的任务。然而，可以选择要分析的具体场景或场景集合，这可以是一个特定的时间段内用户在不同环境和情境中的活动，随后需要识别并记录用户在这些场景中的关键触点和互动，包括他们的需求、期望、情感状态等。通过构建完整的用户旅程图并采用整体视角进行分析，可以更好地理解用户在不同场景中的体验和行为，确保服务体验与新场景的演进保持同步，优化产品和服务的设计，满足用户的不断变化的需求，如图 2-5 所示。

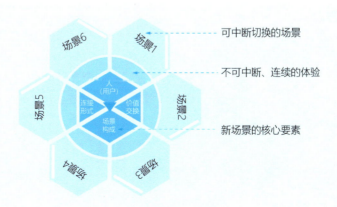

图 2-5　场景的形成与切换

2.2.2 新基建：新生活方式之基

新基建是指基础设施的数字化、智能化和创新化建设，旨在推动经济发展、提升生活质量，包括智慧城市建设、数字化交通、智能医疗、远程教育等领域。新基建为新生活方式的实现提供了必要的基础设施和技术支持，新生活方式又通过对新基建的需求和推动，促进了新基建的不断升级和发展。二者相辅相成，共同推动了社会的发展和进步，为人们带来了更便捷、智能化和可持续的生活。

1. 新基建的特点

2018年12月，中央经济工作会议首次提出新型基础设施建设的概念——"加快5G商用步伐，加强人工智能、工业互联网、物联网等新型基础设施建设"，将5G、人工智能、工业互联网、物联网定义为"新型基础设施"。新基建的性质在一定程度上继承了传统基建，并在此基础上进行了创新，如图2-6所示。新基建强调数字化和智能化技术的广泛应用，以提高智能化和信息化水平，主要面向信息技术、通信、数字经济和智慧城市等领域，以改善城市管理和提升人民生活质量。并且新基建注重可持续性，采用清洁能源和绿色技术，以减少对环境的负面影响。而传统基建通常涉及物理基础设施的建设，如道路、桥梁和建筑物，主要用于交通、水利、能源和住房等领域，不总是具有强烈的可持续性考虑。尽管存在这些差异，新基建和传统基建都是基础设施建设的一种形式，二者相辅相成，新基建的发展依赖于传统基建提供的物理网络和设施，而传统基建的现代化改造和优化也需要越来越多地融入新基建的技术和理念。

图2-6　新基建的特点

2. 新基建是新生活方式之基

新基建是新生活方式之基,它不仅提供了支撑新生活方式所需的技术和基础设施,还催生了新场景、新需求,推动了生活方式的不断更新和适应时代的变革,如图2-7所示。

新基建代表了现代科技和信息化领域的最新进展,包括5G网络、物联网、大数据中心、人工智能等。这些技术的蓬勃发展构建了一个高度互联的数字生态系统,将人与人、人与物、物与物紧密连接在一起,创造了全新的生活方式。例如,物联网技术使得智能家居成为可能,人们可以通过手机控制家电、照明、窗帘、安全系统等,实现更便捷的家居生活;大数据和人工智能则提供了个性化推荐、智能助手等服务,改变了人们的消费和娱乐习惯。

新基建引领了新型场景的涌现。随着新技术的广泛应用,人们开始在生活中体验到前所未有的场景和服务。智慧城市的建设利用了物联网和大数据技术,实现了城市管理的智能化,包括智能交通、智能能源管理、智能医疗等。这些新场景为人们提供了更多选择和便利,塑造了全新的生活方式。例如,人们可以通过手机应用实时查看公交车的到站时间,避免了等待时间的浪费;智能医疗系统可以监测病人的健康状况,提供远程诊断和治疗,改善了医疗服务的质量等。

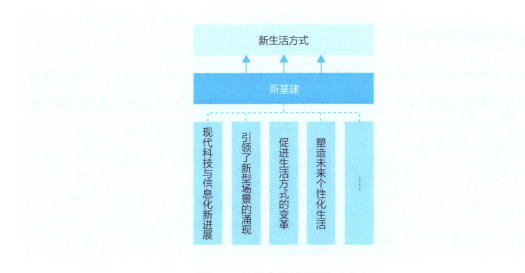

图2-7 新基建是新生活方式之基

新基建催生了新需求的不断涌现。随着新技术的应用，人们开始意识到以往未曾察觉的需求，例如对个性化、定制化、智能化的追求。这些新需求推动了技术的不断优化和创新，也促进了新型基础设施的建设和升级。例如，人们对于智能手机的需求催生了更强大的处理器、更高分辨率的屏幕等技术创新；智能家居的需求推动了云计算和物联网技术的应用和发展。这种循环过程推动技术的不断演进，使得我们的生活方式更加智能、便捷、多样化。

新基建的不断演进与生活方式的变革相互促进。新技术的应用和新型基础设施的建设不仅提高了人们的生活质量，还激发了创新和商业机会。例如，共享经济平台的兴起就是基于新基建的数字支付和定位技术，改变了人们的出行和生活方式；在线教育平台利用了云计算和大数据技术，满足了学生个性化学习的需求，改变了教育行业的格局。这种循环过程使得我们的生活方式不断更新和适应时代变革，更好地满足了个性化和创新的需求。

新基建已经成为塑造未来生活的关键因素，使得我们能够拥抱更智能、更便捷、更多样化的生活方式，更好地满足个性化和创新的需求，这对于推动社会变革和提升人们生活质量具有重要意义。

3. 新基建的发展方向

随着互联网技术的不断发展，"万物互联"（Internet of Everything，IoE）的理念逐渐成为新基建的指导思想，如图 2-8 所示。因为它代表了数字时代的核心趋势，将物理世界与数

图 2-8　展望新基建

字世界更紧密地融合在一起。通过将各种设备、传感器和物体连接到互联网，我们能够实现实时数据收集和共享，从而提高了生产效率、资源利用率和生活质量。这不仅促进了工业自动化、智能城市和智能家居等领域的发展，还为创新和数字化经济提供了巨大机会，推动了社会的可持续发展。随着人工智能和星链技术的发展，"手机-汽车-空间"互联一体化，将会是未来的必然趋势。

尽管"万物互联"尚未完全实现，但它为新基建的发展和建设方向提供了理论基础。在现实中，从可穿戴设备到云计算和人工智能的广泛应用，显示出人与人、人与网络以及网络与人之间双向连接的增强趋势。例如企业在推出新产品时，通常可以通过在传统产品领域添加"智能"元素，将实际产品与联网、手机配对等功能相结合，成为创新和宣传的关键要点。例如，苹果公司的 Homepod Mini 和天猫精灵等音箱在传统家居产品中加入智能管理功能；华为、小米等公司的手环和手表加入智能监测辅助功能；谷歌、华为等公司也早已开始尝试利用"万物互联"的概念开发智能书包、智能眼镜等产品。这些产品和服务之所以能够蓬勃发展，部分原因是数字化、智能化和互联技术理念具有吸引资本和用户关注的特质，万物互联将为未来的科技发展和社会进步打开全新的可能性。

另外，在 Web2.0 时代，重视大规模用户的信息和流量价值，强调"以用户为核心"的理念，许多平台提供了个性化和定制化的服务，同时分享了用户的个性和自由权利。然而，在当前的应用环境中，用户通常需要在安装新应用时同意用户协议和隐私政策。这些协议往往包含了大量法律术语和隐私条款，用户需要花费大量时间来阅读和理解。根据研究统计，平均阅读这些协议的时间甚至可达 40 分钟。在一些情况下，如果用户不同意这些协议，他们将无法使用应用。此外，一些应用还存在违反《网络安全法》相关规定的问题，包括未向用户明示申请的全部隐私权限以及超范围采集个人隐私信息等违规行为。在这种情况下，普通用户通常因为使用需求或生活成本的考虑而被迫同意平台的相关政策。这导致了互联网巨头和平台在用户个人信息安全方面拥有更多权力，而用户的隐私权受到侵犯的风险增加。

Web3.0 作为一个相对较新的概念，代表着去中心化，更加强调每个用户的个体价值，相对于前一代中心化系统平台，它具有更高的自治性和分散性。从概念上来看，Web3.0 有着巨大的发展潜力，并符合诸如《大数据时代大学生隐私保护问题研究》等研究中提到的用户对于隐私泄露和个性丧失的担忧。因此，在向 Web3.0 发展的过程中，需要建立和运营新基建项目，通过更好地保护用户隐私和提供透明的数据政策来把握市场先机。那些能够建立更加安全、透明和用户友好的数据管理和隐私保护机制的企业可能会受益于用户的信任和忠诚。

2.2.3 新体验：新生活方式之源

生活方式的演进经历了不同时代背景的变化，而这个演进的核心在于价值观的转变，如图 2-9 所示。最初，在物质基础相对薄弱、资源匮乏的时代，人们主要追求产品或服务的实用性，产品的性能和功效是最重要的标准。随着中国三大产业的稳步发展，人们不再为基本温饱等需求而担忧，消费需求不再主要是因为缺乏某种东西而产生的，而是追求新物品所带来的情感满足感。产品（包括物质产品和非物质产品）的"机能"表现不再是唯一的重点，产品的"精神"表现却越来越受到重视。成功的产品能够实现高情感价值，过去宣扬的"形式追随功能"（Form follows function）已经不再重要，历史已经进入"形式和功能必须实现梦想"（Form and function must fulfill fantasy）的时代，一件设计好的产品不仅要满足用户的生理需求，还要满足用户的心理需求。如今进入新时代，生活方式又有了新的变数，用户追求已经从情绪价值转变到体验价值。他们不仅要求产品或服务具有高质量的功能和情感连接，还希望获得独特和有趣的体验，包括与品牌互动的方式、购物过程的愉悦、产品的创新性和个性化等。

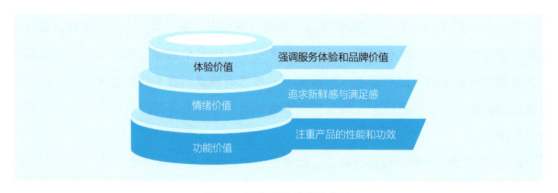

图 2-9　消费价值追求的变迁

随着社会的发展以及消费者需求的增长，用户对于使用产品或服务所带来的体验愈发看重，新体验已经成为用户新生活方式的重要追求。首先，现代科技不断推动创新，让人们习惯了更加便捷、高效、个性化的生活方式。在这个背景下，用户对于产品和服务的期望也水涨船高，他们希望产品不仅仅是功能的堆砌，更希望能够提供愉悦、无缝、有趣的使用体验。其次，新体验不仅仅是对功能的提升，更强调与用户之间的情感连接。用户希望与品牌之间建立更加亲密和有深度的联系，而新体验可以成为实现这一目标的有效工具。情感连接不仅仅局限于产品本身，也包括用户与品牌之间的互动、文化价值观的契合以及品牌的社会责任感。另外，虚拟现实、增强现实、人工智能、大数据分析等新技术不断涌现，为品牌和企业提供了创造出色服务体验的工具。这些技术可以用于个性化定制、预测用户需求、提供沉浸式体验等方面，为用户提供前所未有的愉悦感和便利性。例如，京东在提供全新产品、可靠的自营运营策略、出色的售后服务以及高效的物流方面表现出竞争优势，满足了用户对于新体验的需求，从而取得了强劲的增长。

新体验成为新生活方式之源，是因为现代社会的信息化、个性化、追求新奇和社交互动等因素的共同作用。人们渴望多样性的体验，追求新鲜感和兴奋感，这推动了商家和服务提供者不断创新，不断推出新的体验。这种循环的过程满足了人们多样化和个性化的需求，也创造了新的商机和市场。一方面，现代社会的高度信息化和数字化，使人们更容易接触到各种新颖的体验。互联网和移动技术的普及，使得人们可以随时随地浏览并获取关于新体验的信息，从而激发了他们的好奇心和探索欲望。另一方面，当下越来越注重个性化和差异化，人们渴望在生活中找到独特的、与众不同的体验。这种个性化的追求推动了商家和服务提供者不断创新，推出各种各样的新体验。例如，餐厅不再只提供传统的菜单，而是推出各种创意菜品，满足不同口味的消费者需求；旅游行业推出各种特色线路，让人们能够体验不同国家和文化的独特之处。这种个性化的体验成为满足人们多样需求的重要途径，也创造了新的生活方式。

2.3 新生活美学：用户对生活的多维度探索

生活美学在国内外尚未有较统一的概念，国外倾向于卡佳·曼多基（Katya Mandoki）

提出的日常美学（Everyday Aesthetics），即日常活动中涉及的美学，强调风格与形式的表达；国内则根据顾建华等的定义，将生活美学定义为美学的分支学科，主要研究人类生活审美现象及其规律，生活美学来源于用户对日常生活的审美化。

新生活美学则是一个涵盖多个领域的概念，在现代社会中，个体和社会的生活方式、价值观念以及审美需求都在不断演进，形成了一种全新的生活美学理念。在新生活美学中，人们追求的不仅是物质享受，更是情感满足和精神愉悦。这一概念体现了人们对于更加有意义、有质感、有品位的生活方式的追求，强调了生活中的美与审美的重要性。新生活美学将美融入日常生活的方方面面，包括服务体验、信息渠道、社交关系、文化心理等多个层面，如图2-10所示。

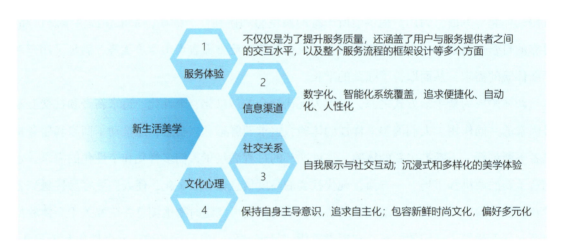

图2-10　新生活美学的四维呈现

2.3.1　服务体验层面

服务体验层面的变革在新生活美学中扮演着关键角色，它代表了一种全新的服务理念，不仅仅是为了提升服务质量，还涵盖了用户与服务提供者之间的交互水平，以及整个服务流程的框架设计等多个方面。

传统意义上，服务体验设计主要关注产品的最终用户，而新生活美学中的服务体验设计广泛包括了服务生态系统中的各方参与者，如服务提供者和其他利益相关者。服务体验设计不再局限于最终用户的视角，设计必须考虑多方需求和期望的协同满足，贯穿于服务体验全过程，实现整个生态系统的有效运作和价值共享。同时，新生活美学强调高品质、个性化的服务，这要求服务提供者对细节精益求精，确保每个用户都能获得愉悦和满意的体验。这种注重服务质量的态度有助于建立品牌忠诚度，吸引更多的用户，使他们成为品牌的忠实支持者。此外，在新生活美学中，人际关系和互动成为更为重要的因素。服务提供者需要建立亲密的联系，倾听用户的需求，积极回应他们的反馈，以建立信任和亲近感。这种互动可以通过各种渠道实现，包括社交媒体、在线聊天、客户支持等。服务体验设计还包括整个服务流程的框架设计。企业需要重新审视和改进服务的各个环节，从用户预订服务到交付、支付和售后支持，整个流程都需要重新设计，确保流程的高效性和用户友好性，为用户提供无缝和愉悦的服务体验。

苹果公司的 AppleCare+ 订阅计划不仅能够延长产品保修期还能为用户提供额外服务，为广大苹果用户所喜爱，如图 2-11 所示。苹果在设计 AppleCare+ 服务体验的过程中不仅关注最终用户，还关注服务生态系统中的各方参与者，如客服代表、维修技术人员与第三方维修合作伙伴等，从而使得用户能够通过多种渠道来获取支持，同时还能够为用户产品提供灵活的维修方案和卓越的服务体验；星巴克会员计划亦是同理，其同时关注星巴克员工与合作伙伴等，为用户提供高品质个性化的服务，如根据用户口味和偏好定制咖啡，或针对会员的需求提供专业的建议和解决方案，用户也可以通过电话、电子邮件或社交媒体等多种渠道与星巴克进行互动，星巴克提供的在线平台与移动应用程序让会员用户可以方便地查看自己的积分和优惠券信息，此外兑换礼品和邀请好友等功能也广受用户好评。服务中的各流程环环相扣，没有过于割裂或者明显的短板，方能在日益提升进化的新生活美学中取得一席之地。

图 2-11　AppleCare+ 服务提供界面

2.3.2 信息渠道层面

信息渠道的变迁是新生活美学更新的第二核心层面。有人的地方就有生活方式，就会形成群体文化，会伴随有相应的体验与需求。人的生存形式决定其在生活中无时无刻不与所处的环境交换获取着信息，信息获取的方式随时代、技术的发展逐步更新，获取信息的数量与质量还有难度等多维度的变革影响着各个时代人们评价生活的标准。信息渠道的变迁在联系、获取、使用三个关键方面对新生活美学产生影响，如图 2-12 所示。

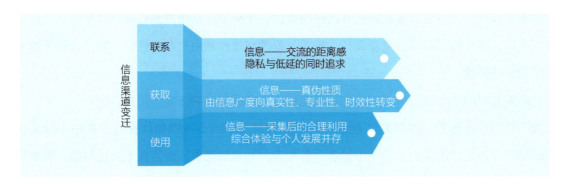

图 2-12　信息渠道使用的发展与变迁

1. 联系

信息渠道的变迁改变了人们之间的联系方式。古代，由于通信手段有限，人们的联系受到时间和空间的限制，信息传递相对较慢。然而，现代的信息渠道，如社交媒体、即时通信工具和视频通话等，使人们能够实时交流，并且无论身处何地都能保持联系。这种即时性和全球性的联系方式改变了人们的社交模式和互动方式，促进了文化交流和多元观点的碰撞，进一步推动了新生活美学的发展。

如今，用户对于用于联系的信息渠道的要求体现在适度与隐私保护、联系过程实时低延迟等方面。就人与人的联系而言，视频通话已经不再是稀奇事情。微信、钉钉等众多平台可以轻松地实现用户之间的交流与协作。沟通交流的机会已经变得非常丰富，足以满足绝大多数用户的需求，甚至在相当一部分用户群体中已经表现出过剩的现象。在能够随时随地与人使用多种交流方式的环境下，交流质量与隐私保护成为用户评价生活中交流体验的首要关注对象。尽管第五代移动通信技术已经广泛覆盖并投入使用,但低延迟高质量的交流传输尚未稳定覆盖到所有用户。例如,高原、山区、荒漠等特殊地域往往难以获得高质量的信号。此外,在居家办公和上课期间,大量用户的涌入可能会给服务器或网络运营商带来巨大压力,从而导致无法提供令人满意的服务。

2. 获取

在信息获取的层面,用户开始针对信息真实性、时效性与专业性提出新的要求。十年前,国内已经能够在 PC、智能手机上借助百度、360 等各大搜索引擎随意发起搜索,以获取基本认知。而现在,用户可以通过知乎、小红书、微信公众号等平台浏览获取各领域具有时效性、接近实践体验的信息。此外,用户还能深入艾瑞咨询、神策等专业洞察数据库,以及谷歌学术、知网等学术研究数据库,甚至是中国互联网络信息中心(CNNIC)、国家统计局等机构的信息,如图 2-13 所示。用户现在获取自身想要的信息数据从闲聊谈资到专业学术统计似乎都愈发容易,甚至 20 世纪、近百年前的电子版资料也陆续上传至各信息渠道。

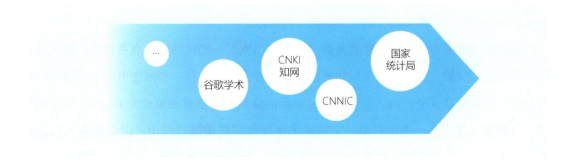

图 2-13 信息获取场景

传统的前往图书馆、文献古籍发源地进行详查的方式仍然存在,只是先前所需进行的调查与深度一般的研究用途已经可以被互联网技术取代。随着 ChatGPT 的出现,有些信息的获取、组合与创新,可以在以秒计算的时间内瞬间完成。与上个时代相比,信息获取主要的差异在于,从报纸书籍、电视电台获取的信息多属于被动式获取。虽然用户可以选择报纸、频道或电台频率,但所接收的信息仍由运营人员或编辑筛选,用户在信息获取的主动性与难易程度上与现状存在一定的差距。

信息获取的变迁为新生活美学的发展提供了条件和推动力。新生活美学强调个体对美的追求和对生活质量的关注，追求个性化、多样化和富有品质的生活方式。通过信息获取的变迁，个体可以更好地发掘和表达自己的个性，追求与众不同的生活方式和美学体验。信息的多元化和广泛性促使人们探索新的美学观点和生活方式，塑造出个性化、多样化的新生活美学。

3. 使用

信息的使用在生活美学及其相关评价中，主要体现在用户对产品或服务提供端的要求上。这些要求包括个性化、推荐算法的准确度、服务力以及规避信息茧房等方面。现在的大型平台广泛运用自动执行、个性化推荐等技术，为用户提供更人性化、个性化的体验。当用户使用相应产品或服务时，其内容是基于前后端埋点所采集的用户信息生成的高度定制的用户画像。这种关注用户偏好和个性需求的做法，与过去仅依靠传统问卷法收集用户意见，并根据共性来优化服务体验的方式有所不同。现在的算法推荐技术结合了用户个人信息的使用，成为各类平台提供个性化服务的基础。个性化服务的普及改变了用户在生活中使用相应产品或服务的体验，从而形成了新的生活美学标准。

在信息使用形成的个性化服务普及的过程中，出现了一些新的关注点和担忧。除了之前提到的针对隐私保护、推荐算法滞后和准确性欠缺等问题，还有一些概念引起了部分用户群体的关注，比如信息茧房、回声室效应和过滤器泡沫。信息茧房的概念早在2006年就由桑斯坦在《信息乌托邦》一书中提出。它描述了在网络信息传播过程中，由于公众的信息需求有限，人们往往只会关注自己选择的内容和令自己感到愉悦的信息，久而久之就会陷入一个只接收符合自己观点的信息范围内。部分用户群体的担忧主要来自忽略与自身观点相悖但仍具有客观性和合理性的信息。长此以往，个体接收的信息或内容容易变得单一、重复，不利于个人认知的发展，甚至会形成对某些事物、现象或者社会的偏见。

信息渠道的发展通过互联网、大数据等技术打破了时间和信息量的限制，还在重视用户个性化和优化服务体验方面取得了进展。现在，人们对于信息渠道的评价标准已经不再仅限于信息的送达速度、准确性和安全性，以及感兴趣内容的多少等旧标准。根据信息交流、信息获取和信息使用的划分，我们可以看出，信息渠道促进了新生活美学的形成，而新生活美学的评价标准更多地关注延迟低、隐私安全、信息真实专业有效、个性化推荐准确和信息茧房的破除等方面。信息渠道的变迁也影响着信息表达这一环节，与新生活美学的第三层面——社交层面产生了关联，如图 2-14 所示。

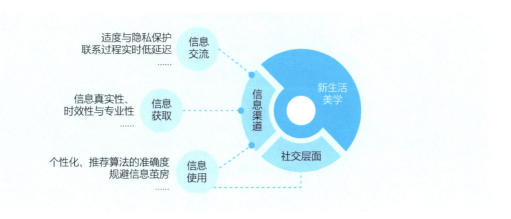

图 2-14 信息渠道的内容以及与社交相关联

2.3.3 网络社交层面

社交是新生活美学更新的第三核心层面，在更新的意义上，尤指近十几二十年迅速构建出足以改变大体量用户群体社交方式的网络社交。继信息传播渠道获得极大丰富后，发表与用户自身相关的状态、观点的形式与平台剧增，且迅速在追求新鲜感与潮流的新生代用户群体中流行，网络社交也一度成为此类用户群体的重要标签与代名词。网络社交相较于传统的现实社交具备更多变革迭代与更广阔未来前景，在新生活美学更新的核心层面中占据更多分量。

网络社交的兴起为传统社交方式带来了革命性的变化。通过社交媒体平台和即时通信工具，人们可以方便地与朋友、家人和陌生人进行交流和互动，如图 2-15 所示。这种形式的社交扩大了人们的社交圈子，突破了地域和时间的限制，使人们能够与世界各地的人建立联系。根据现有研究报告，在当代青年的时间结构中，刷抖音、逛 B 站、玩游戏、观微博、晒朋友圈等各种媒介化行为占据了重要位置，凸显了对社交媒介的"时间依赖"，也碎片化了完整的时间与生活链条。青年每天平均使用社交媒介超过 4 个小时的比比皆是，更有甚者超过 6 个小时。国内的一项调查显示，青年大学生在后半夜上网超过 6 个小时的占比达到了 23.1%。

图 2-15 社交媒介的几大主要形式

在新生活美学的更新中，网络社交具有重要的意义。通过文字、图片、视频等多种媒介形式，人们可以创造个性化的社交内容，表达自己的观点、情感和创造力，社交变得更加有趣、多样化，并且能够凸显个体的独特性。网络社交还满足了人们对新鲜感和潮流的需求。通过社交媒体平台，用户可以即时获取到各种时尚、娱乐、文化等信息，与流行趋势保持同步，网络社交开始成为追求时尚和潮流的新生代用户的重要标签和代名词。另外，网络社交也为用户提供了更广泛的社交参与机会。人们可以加入兴趣群组、参与社交活动、分享经验和知识，接触到不同文化背景、价值观和审美观的人群，不仅可以开阔视野，增加对多样性的理解和尊重，还可以拥有更多成长和发展的机会。

除了自我展示和社交互动，社交平台还为用户提供了一个创作和表达自我的空间，鼓励用户展现他们的才能和创造力。无论是通过游戏中的角色创作、短视频的剪辑和编辑，还是在朋友圈中发布照片和文字，用户都可以在这些平台上表达自己的个性和想法，展示他们的艺术和创作技巧。另外，社交平台通过技术创新和服务体验设计，提供了更加沉浸式和多样化的美学体验。例如，游戏通过逼真的图形、音效和虚拟现实技术，让用户能够沉浸在一个全新的美学世界中；短视频平台通过剪辑、滤镜和音乐选择等工具，让用户能够创造出富有美感的短视频作品；微信朋友圈则通过图片排版、文字样式和动态效果等功能，让用户能够以更加美观和个性化的方式展示自己的生活。这些平台在塑造社会影响和价值观方面发挥着重要作用。通过游戏、短视频和朋友圈上的内容和互动，用户可以分享和传播他们关注的社会问题、价值观和正能量信息。这对于推动社会进步、塑造新生活美学的意识和价值观具有积极的影响。

当然，网络社交也存在一些挑战和问题，如图 2-16 所示。如今的用户在接近现实的网络社交中表现出了矛盾：既存在较强的自我展示、表达倾向，又在维护自身角色设定和规避风险中感到疲劳并期望逃离。在此趋势下接近现实的网络社交中，"适度"追求自我展示与社群互动并规避人际交往的风险性成为社交层面最后一环的评判标准。

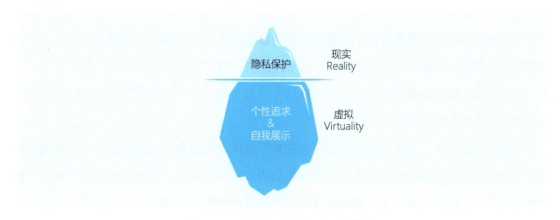

图 2-16　虚拟与现实社交的用户偏好

2.3.4　文化心理层面

文化心理层面通过社会历史进程创造的物质、精神财富发挥审视生活质量与体验的作用，对于新生活美学的形成有着深远的影响。在社会历史进程中，不同的文化传统、价值观念、审美观念等形成了一种特定的文化心理。这种文化心理影响着人们对于生活的感知、理解和评价，进而塑造了他们对美的追求和生活方式的选择。

文化心理层面通过传统文化、艺术、文学、音乐、电影等形式表达和传播，将特定的文化意识形态和价值观念融入个体和社会的认知和情感中。这些文化表达和传播的方式，能够激发人们对美的追求和对自身身份认同的需求。例如，传统文化中的哲学思想、美学理念和审美标准，可以影响人们的生活态度和价值观的形成，进而影响他们对美的认知和追求。

例如 2023 年圆满落幕的《中国诗词大会》，总决赛中民航"诗意机长"马保利凭借对苏轼《有美堂暴雨》的破解一举夺冠，引起了广泛关注。这个节目自 2016 年开始，至 2023 已经举办了八年，秉持着"赏中华诗词、寻文化基因、品生活之美"的宗旨，《中国诗词大会》能够走红其实并不意外，在明星综艺和歌舞选秀节目泛滥的环境下，它以古诗词为主题给观众带来了一种新鲜感。然而，更根本的原因在于人们对于文化的关注和文化心理在审视生活质量和体验中的比重不断上升。随着社会的发展和经济的繁荣，人们对生活品质的追求不再局限于物质层面，而是更加注重精神层面的满足。文化心理作为个体和社会在特定历史进程中创造的物质和精神财富，在塑造审美观念和生活方式方面发挥着重要作用。《中国诗词大会》作为一个诗词文化的传播平台，通过赏析和演绎中华古代诗词，激发了观众对于传统文化的兴趣和热爱，观众们可以通过这个节目了解古代文人的情感表达和思想精华，感受到诗词所蕴含的美和智慧。

在新生活美学中，文化心理层面还体现在对于个体主体性和自主性的追求上，如图 2-17 所示。文化心理层面通过社会历史进程中创造的物质和精神财富，为个体提供了丰富的文化资源和体验。个体在欣赏、参与和创造这些文化资源和体验的过程中，不仅能够获得美的享受，还能够深化对于文化的理解和认同，进一步加强文化心理层面对于新生活美学的塑造作用。另外，个体在特定的文化背景下形成了自己独特的文化认同和审美取向，他们希望通过表达自己的个性和追求，展现自己的主导意识和独特的审美品位。这种追求个体主体性和自主性的心理需求，推动了新生活美学中个性化、多样化和自由度的追求。

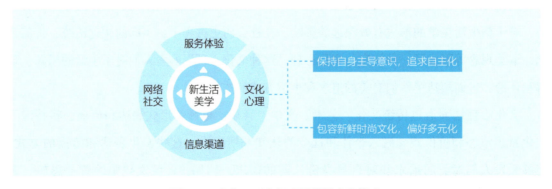

图 2-17　文化心理在新生活美学中的体现

服务体验、信息渠道、网络社交和文化心理四大维度相互交织，相互影响，共同构成了新生活美学的多维度探索。服务体验提供了物质享受和舒适感，信息渠道扩展了个体的知识和视野，社交层面满足了个体的社交需求和情感支持，而文化心理层面体现了个体对于个性化表达和文化体验的追求。这些维度相辅相成，共同塑造了人们对美好生活的理解和追求，并推动了个体在现代社会中的全面发展和满足感。

2.4 新消费语言：满足多样化需求的消费趋势与创新

之所以研究服务体验如何管理、如何运营，原因就在于其影响着用户持续的消费选择，促进产品、系统或服务的提供者与消费者用户价值交换的达成，并能够在较长时期提供后续的竞争能力。

要解释清楚上述提到的新消费语言如何影响用户的价值交换过程，首先需要明确新消费语言的含义。在这里，语言符号学作为一种广泛应用的研究工具，通常涉及各种不同类型的表述，如形态语言、公共空间语言，甚至军事语言等。这些表述包括了消费语言，但它们不是传统意义上的语言，而是通过使用"语言"一词，将语音作为物质外壳，构建了一个符号系统的概念，以研究与这些概念相关的发展规律，包括语用、语构、语意和语境四大要素。在新消费语言的概念中，语用是指对消费的使用，语境是指当前的社会消费环境，语意系统包括了与消费相关的平台、渠道等偏向物质的概念，语构体系则包含了类似于消费社群化和消费IP化的评价性质的表述。新消费语言的构成要素选取自最贴近当下生活的语用、语境、语构系统和语意体系，以完善用户或服务体验与价值交换之间的联系。

新消费语言研究用户的消费决策，作为最接近研究用户价值交换过程的概念，不仅如之前的新生活方式、新生活美学一般影响着对生活体验的评价，还由于其相当接近价值交换的过程，因此能够洞察出前两者所容易忽略的影响消费的因素，即预期外消费过程中的体验，以及最主要的消费社群化与消费IP化，如图2-18所示。

2.4.1 预期外消费，体验惊喜触达

价值交换过程的产生必然伴随用户明确的需求吗？

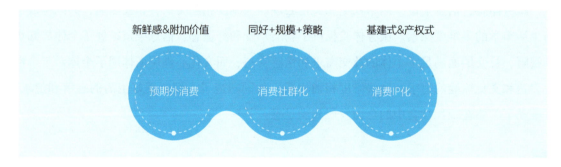

图 2-18　驱动新消费语言的三组特质

这个问题是对前面的讨论进行的一项重要补充。以往的研究表明：消费通常源于明确的需求或生活中某种不完美的体验。在某种意义上，预期之外的消费可以看作是服务体验设计中必须考虑的价值交换过程的一部分。在这种情况下，潜在的消费者或用户原本并没有与之相关的产品或服务需求，而是在意外情况下突然萌生了对价值交换的需求。因此，在这种情境下，我们可以将其视为新鲜感、吸引力以及附加价值的体现，如图 2-19 所示。

图 2-19　三方向产生预期外消费

吸引原本没有明确需求的潜在用户进行消费。这一过程通常涉及两个因素：一是产品或服务与用户的个体审美兴趣密切相关；二是产品或服务提供了强烈的新奇感和惊喜，激发了好奇之情。这两个因素在吸引潜在用户方面发挥着重要作用，但是用户的个体审美兴趣因人而异，因此在吸引潜在用户方面不如提供新奇感和惊喜那么普适。例如，意大利的 Home 时装店摒弃了传统的衣架和陈列柜，取而代之的是钢管装饰，既美观又实用；爱尔兰的 MUNICH 鞋店则采用了长达 6700 米的红色鞋带装饰整个店面，以温暖的色调打造出艺术氛围。这些全新风格也在国内得到了推广,与传统店面相比,它们独具特色,让人感觉仿佛正在参观一场公共艺术展。吸引潜在用户进入店铺的原因各异,有些是因为突然被新奇元素吸引,有些是因为猎奇心理。无论是哪种情况,都有助于促进价值交换的实现,从而使消费者在未预期的情况下体验到愉快的购物过程,并可能形成长期的消费习惯。

为了实现尚未明确需求的消费,附加价值和意义成为推动价值交换流程的第二个方向。阿里的芭芭农场是一个典型的例子,虽然在 2018 年 9 月才推出,但由于庞大的用户基础和吸引用户的特点,芭芭农场现已经成为广受欢迎的平台。芭芭农场允许用户以仅一分钱的价格通过互动方式获取精选的高质量农产品。该平台为一些偏远内陆地区的农产品基地提供了电子商务和仓储物流服务,这些基地需要满足平台设定的水果质量和糖度标准。为了获得这一特价商品,用户需要在收获前积极获取大量的肥料。虽然平台提供了一些每日任务,如签到等,但这显然无法满足用户的需求。因此,平台引入了一种快速积累进度的方法,即浏览推广广告并在指定页面下单。尽管用户一开始可能没有明确的需求,但指定页面已经引入了推荐算法,极大概率会吸引用户购买商品。最重要的是,一旦用户消费,他们将获得大量的进度,从而增加了整个消费过程的附加价值。用户每完成一次价值交换过程都会推动商家的生产和交易的循环,还在获取所需商品价值的同时,加快了"薅羊毛"的进度。这种方式也使农产品基地的产品更容易销售和运输。因此,为尚未明确需求的消费者提供附加价值和意义,是促进实现价值交换的另一种方式。

2.4.2 消费社群化,构建网络状体验生态

"社群"的概念可以追溯到原始社会,在当时,社群起源于人类的社会性,受到血缘、地域或宗族政权等因素的影响。随着数字技术的发展和群体生态的重构,如今社群已经不再受地域性的限制。现代流行的社群建立在数字技术等因素的基础上,不再依赖宗族或地域等传统属性,而更多地依赖兴趣和爱好,扩展了人与人之间的联系。这一演变改变了商业和消费逻辑,使得社群在现代社会中具有更广泛的应用和影响力,如图 2-20 所示。

1. 同好为存,输出为续

要想让社群保持存续并维持一定的活跃度,同时为未来的变现留出空间,在后续的运营

中促进消费并完成价值交换，关键在于建立情感共鸣和价值共识，即社群构建的两个核心要素：兴趣同好与价值输出。因此，社群在创建之初就需要明确其目标和理念。

图 2-20　消费社群化的形成及持续条件

以微信上每天早晨六点多发布 60 秒语音的罗振宇为例，他通过每日持续 60 秒的"罗辑语音"以及粉丝运营等方法来管理社群。2014 年，罗振宇发布了限量 8000 套的《罗辑思维》图书包，在短时间内售罄，随后他建立了一个高度活跃的微信社群，并规划了相关配套。社群的核心群体和目标非常明确，即那些认同罗振宇的思维观点和个人魅力的人。在拥有用户共同兴趣和认同的基础上，罗振宇能够持续提供符合社群成员标准的有价值内容，从而满足社群存续和发展的需要。找到社群成员共同的兴趣和话题是社群存在的基础，而持续提供符合社群价值认同的价值输出则是社群保持活跃的关键。

2. 结构与规模控制

作为社群的基本要素之一，社群结构与规模对其存续、运营状况有直接影响。尽管社群的发展已经与过去大不相同，但它始于人类的社会性，使得每个社群成员都扮演着自己的独特角色。通常来说，现代社群的结构可以分为管理者层、忠实粉丝层和普通成员层。

从人际交往的角度来看，牛津大学的人类学家罗宾·邓巴曾在研究中通过分析圣诞贺卡的交换来考察西方社会的社交网络规模。他发现，最大网络规模平均为 153.5 人，而那些有明确联系的个人的平均规模约为 124.9 人。这些数字与基于人类大脑皮层尺寸的预测结果非常接近，这一预测值为 150 人的群体社交规模。

邓巴的理论在许多社群管理实践中得到了应用和验证。尽管数字技术的发展打破了地域限制，扩大了用户的社交范围，但每个人的社交规模仍然受限于大脑的生理特性。因此，这一理论对于当前的社群结构和规模仍然具有重要的参考价值。

在社群中应用这一理论意味着，最大社交规模应与普通成员层相匹配，能够进行深入精准交往的规模应与忠实粉丝层和管理层相适应。这种最大规模的上限确保了社群交往的质量，同时保持了价值共识。而小规模社群则可以提供更深刻的情感联系和更高效的运营成果。

3. 运营策略

社群的运营策略直接影响着社群的消费能力和运营状况。消费社群化已经成为新消费语言的一个重要方面，而社群的潜在消费力量也是不容忽视的。

瑞幸咖啡作为国内备受欢迎的咖啡品牌，特别注重社群的运营和建设。瑞幸采取了多种方式来引导用户进入瑞幸福利官的企业微信和最接近用户定位的微信社群，还在用户群体的构成、社群运营的目标等方面进行了深入的研究。瑞幸的用户群体主要是上班族和高校师生，社群运营的目标是增加产品销量并提高用户的黏性。因此，瑞幸根据研究结果在不同时间段推送不同类型的产品或服务，例如在早上8：30推送早餐优惠券，在下午2：00推送下午茶相关内容，以及在18：00和20：00分别推送与上下班通勤和自由消费时间相关的内容。2023年9月，瑞幸咖啡与贵州茅台达成战略合作，联合推出了"酱香拿铁"，每一杯都含有53度贵州茅台酒，实现了浓郁酱香与咖啡醇香的融合，让消费者体验到美酒加咖啡的味觉体验，带来双倍的品饮愉悦，在全国形成了强大的影响力和社会舆论。此外，社群运营还包括优先试用新产品或服务、每月为会员提供专属活动、为核心用户提供附加价值等多种策略。

小米科技联合创始人黎万强在其《参与感》一书中曾表示："参与感是整个品牌和社群的灵魂，用户不在意品牌的伟大或高大上，只关心事情是否与他们相关。无论是激励组织活动的人还是参加活动的人，都是在去中心化的过程中自然形成的。"社群运营的目标在于促进相应产品或服务的消费，而在"同好为存，输出为续"的社群中，社群成员只有在能够获得参与感的运营策略下才会更积极地进行消费决策。

消费社群化作为新消费语言的一部分，源于用户对兴趣相同、个性表达和社交追求的需求。为了充分发挥消费社群化的作用，每个环节，包括兴趣同好、社群结构、价值输出、运营策略和规模控制都有进一步挖掘和提升的潜力。

2.4.3 消费 IP 化，创造消费新动能

消费的 IP 化为消费的持续推动提供了新动能。在当前的消费语境下，IP 主要指的是 Internet Protocol（互联网协议）和 Intellectual Property（知识产权）。消费的 IP 化则强调了知识产权领域对新消费语言的影响，同时也离不开网络协议作为前者发展的基础。仅仅从 IP 的原始释义来看，无法准确表达如今新消费语言中的消费 IP 化现象。必须从互联网协议引申出大数据、云计算等消费 IP 化的技术基础，并以知识产权为主导，才能更好地解释消费 IP 化在新消费语言中扮演的角色。

1. 基建式 IP 化

基建式 IP 化关注数字技术的发展对消费决策和消费习惯的影响。近十几二十年来，数字技术的革新改变了大众的消费决策和习惯，这一革新与 Internet Protocol（IP）密切相关。尽管很多人可能会将这一革新与过去的电商崛起和流量时代混淆，但实际情况是，流量时代已经不再存在，线上线下消费方式和运营策略都在不断演变。随着消费者理性程度的提高，社群在价值交换层面发挥着愈发重要的作用，而判断用户需求的方式也已从传统的问卷调查变为应用多环节的数据收集与分析。数字技术新基建层面的消费语言曾主要关注智能手机和 4G 网络，但如今更加关注可穿戴设备、虚拟现实和增强现实应用技术，以及云计算、人工智能等智能化和自动化覆盖的系统架构。虽然基建式 IP 化可能不太引人注目，但它却是支撑新世界的关键基础模块，需要密切跟随时代步伐。

2. 产权式 IP 化

产权 IP 化主要侧重 Intellectual Property（知识产权）引申的方向。在吸引消费方面，产权式 IP 化在运营中的主要形式就是联名合作，即知名的 IP 与相关的产品或服务进行联名合作。艾媒咨询《2022 年中国兴趣消费趋势洞察白皮书》中的数据显示，"兴趣消费"正在成为不可忽视的重要经济趋势，而有 39.5% 的人购买兴趣消费产品的原因在于他们是相关

IP 的粉丝，希望获取与 IP 相关的周边产品。从 2021 年开始，一个拥有 1400 万粉丝的抖音博主发布了一段自己扮演"库洛米"跳舞的视频，获得了 200 多万的赞，这也引发了"库洛米"IP 的流行热潮。到了 2022 年 10 月，三丽鸥旗下的 IP"库洛米"与名创优品展开了联名合作，推出了盲盒、挂件、包包、杯子以及玩偶等多种类别的产品，并在全国范围内设立了 15 家符合 IP"库洛米"特色的黑紫色主题店。联名产品和店铺的风格得到了粉丝和消费者的一致认可。在社交媒体平台如小红书、微博等上，可以看到大量关于这个联名合作的帖子，吸引了用户前往店铺打卡和抢购产品。这些实例展示了知识产权式 IP 化如何在消费领域吸引和影响消费者。

  与特定 IP 的联名合作能够为消费提供强大的动力，如图 2-21 所示，然而对于 IP 自身而言，要在当前的环境中促进消费，必须具备特定的特质。首先，要持续为增长提供动力，IP 需要不断对自身进行打磨和创新。中国本土 IP 小黄鸭 B.Duck 诞生于 2005 年，在发展的十多年中一直在不断创新，并与时代潮流和年轻用户群体保持同步。它积极跨界合作，与许多领先企业进行深度联名授权合作，包括与国潮和"故宫宫廷文化"的联名、与热门手游《第五人格》的合作，以及在母婴领域和女性潮牌服饰领域的布局，如 Buffy、Dong Duck 等。根据《2021 天猫服饰 IP 白皮书》的数据，原创 IP 小黄鸭在 2020 年天猫服饰国产 IP 消费榜上名列第一，总榜排名第二。相反，漫威影业旗下的许多 IP 在进入电影宇宙的新阶段后，在国内市场的影响力不如以前，这主要是因为在国内环境下对 IP 的研究和打磨不足，以及宣传中的价值观或情节不再吸引和适应现今国内观众口味。一个能够为消费提供动力的 IP，必须具备内涵丰富、与时下社会潮流相契合、与时代社交互动紧密联系的特质。

图 2-21　B.duck 国潮联名（左）和库洛米与名创优品联名（右）

在当前的市场环境中，成功的 IP 联名合作不仅需要选择受欢迎的 IP 来推动消费，更关键的是确保联名产品或服务本身提供出色的消费体验。《2022 年中国兴趣消费趋势洞察白皮书》的调研数据揭示，中国新青年消费者在消费生活必需品时主要关注价格、实用性和质量，这些因素的重视度均超过 70%；而在非生活必需品的消费中，质量更是成为最受关注的因素，占比达到 60.9%。这说明，无论是生活必需品还是非必需品，高质量和优秀的消费体验对于满足消费者需求都至关重要，是保持市场竞争力的关键。以肯德基在中国市场自 2022 年起推出的联名合作为例，其与宝可梦以及泡泡玛特旗下 DIMOO 盲盒系列都展开了合作，其成功并非仅因为选择了受欢迎的 IP，更在于肯德基自身餐饮业务能够提供高质量的食品和服务，确保了消费者的满意度。肯德基还特别注意根据中国市场的需求调整口味，进一步提升了消费体验。无论联名合作选择何种 IP，持续提供稳定且令人满意的消费体验都是实现长期成功的关键。

消费 IP 化已经在当今的新消费语境中发挥了重要作用，因为它与新时代用户的个性表达和追求等需求高度契合。这种新的消费决策主要受兴趣和体验等因素的驱动。通过从用户的角度深入研究和体验，以及制定相应的策略，可以更好地适应新的消费语境，并提升变现能力和用户满意度。

第3章

服务体验制胜：顶层战略设计

随着社会经济的不断发展，服务体验已经渗透到衣食住行各个领域。在这个体验经济时代，服务体验已经成为重要的经济驱动力，蕴含着巨大的商业价值。企业需要将服务体验思维纳入其战略设计中，从用户的角度出发，深刻了解他们的情感需求，与其建立深厚的情感联系，从而顺应直至引领体验经济的潮流。

3.1 服务体验的内涵

服务体验是一种情感、感知和思维的过程，通常发生在主体（个人或群体）与客体（物品、服务、事件等）在特定场景中进行交互互动时。这个过程使主体产生情感体验、感知客体并赋予其思想和意义。体验的形成机制受到所处场景的影响，同时也取决于交互互动的质量和程度。根据不同的互动方式和涉及的利益相关者，服务体验可以分为产品、活动和政策三个方面。

3.1.1 服务体验的定义

服务由于其有多种词性且主观性较强，经过多方面、多角度的研究与界定，已经有了多种解释。随着社会经济的发展，服务体验也逐渐融入了设计、经济、管理、营销、计算机、人工智能等多个领域，并根据不同的侧重点被赋予了不同的定义，如图3-1所示。

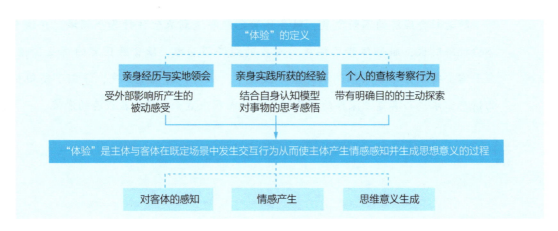

图3-1 体验的定义

首先，抛开所有附加的领域回归字词本身，《新汉语词典》中对于"体验"的解释有以下三个方面：一是个人的亲身经历与实地领会，这种定义将体验视为一种特殊的活动，强调了体验是通过外界影响发生在主体内部的感知、情感、意志和行为的亲身经历，它更倾向于一种无强烈目的的被动感受；二是个人通过亲身实践所获得的经验，这个定义更注重活动的结果，人们在体验过程中用自己已有的情感经历、认知架构和心智模型来理解和感受当下发生的事物，不同的人会因此产生不同程度的感悟，建立每个主体独特的情感联系。这种体验后的收获又将成为下一次体验的内在基石；三是个人的查核、考察行为，这个定义类似于一种带有明确目的的主动探索，更适用于现代生活语境下的应用情境。

在实际应用研究的情境中，这三个释义并非是完全割裂独立、非此即彼的。正如前文所提，体验的概念正在被各大领域吸纳，并不断地生发、演进，但不论是尼尔森·诺曼集团提出的"用户体验"，还是约瑟夫·派恩（Joseph Pine）与詹姆斯·吉尔摩（James Gilmore）研究的"体验经济"，抑或是哥伦比亚大学商学院伯德·施密特（Bernd H. Schmitt）教授所谈到的"体验式营销"，我们都能从其概念生发的过程中发现"体验"三个底层释义的映射。

同样，"体验"的概念与研究在服务设计领域也备受重视。服务提供者通过各种渠道，利用有形的服务媒介将无形的服务内容传递给被服务对象。它以满足用户需求为基础，创造价值为目标。承载服务内容的服务媒介囊括了有形的产品、信息以及服务人员等多种形式，这些媒介通过不同渠道共同形成一个场域，被服务对象在场域活动过程中整体感受形成体验。正如《体验经济》所提到的：商品是有形的，服务是无形的，其中创造出的体验是难以忘怀的。

如今被人广泛谈论的体验是一个更综合并不断动态递进的过程，倘若放在服务情景中，将被服务对象作为主体，以服务内容所依附的服务媒介为客体，即可为"服务体验"提供一个更广泛的定义：主体与客体在既定服务场景中发生交互行为从而使被服务对象产生情感感知并生成思想意义的过程。这个过程涉及主体对客体的感知、情感产生和思维意义生成三个层面。首先，主体通过感官（如视觉、听觉、触觉、味觉和嗅觉）来感知客体，获得信息和印象，这些感知可以包括产品的外观、声音、触感、味道，系统的使用与融入，环境的氛围、动线规划以及与服务人员交互时对对方服务态度、专业素养的感受等。其次，主体在与客体互动时会产生情感反应，这些情感可以是愉悦、兴奋、满足、失望、愤怒等各种各样的情感，情感反应直接影响主体对此次服务体验的评价和满意度。最后，思想意义的生成则是更深层次的体验，包括主体对服务体验的理解、解释和内化。主体通过思考和反思，将服务体验与自己的价值观、经验和期望联系起来，从而赋予体验以个人的思想和意义。它不仅仅是单一的感觉体验，还包括了情感反应和对经验的深入思考，这使得服务体验成为人们与世界互动、理解和赋予意义的重要方式。

在当今商业和社会环境中，理解和创造积极、有意义的服务体验对于满足客户需求、建立品牌忠诚度和提升用户满意度至关重要。服务体验不再仅仅是单一事件或交互，而是由一个广泛的服务体验系统构成，这个系统包括了各种不同场景下的互动行为和利益相关者之间的关系。这些互动不仅在短期内影响了被服务对象的决策和行为，还对服务提供者产生了深远的影响。这个体验系统可以包括客户与企业之间的互动，也可以包括公共机构与市民之间的互动，甚至可以包括社交媒体上用户之间的互动。这些不同的分支相互联系，相互影响，每一次体验的积累都会对主体的长期行为选择产生影响。同时，这些互动也为客体和组织提供了宝贵的反馈，可以用来不断改进和升级服务体验系统。最重要的是，这个服务体验系统是一个动态的体系，不断向前发展和演化。客体和组织需要持续关注和理解不同利益相关者的需求和潜在期望，以及不同场景下的体验，确保服务体验系统保持活力并适应变化的环境。这使得服务体验不是一种一次性事件，而是一个战略性的元素，通过积极地参与服务体验系统的塑造和升级，企业或政府机构等可以更好地满足用户需求、提高用户满意度，从而在竞争激烈的市场中取得成功。

3.1.2 服务体验的形成

服务体验的形成建立在既定服务场景之中，也基于与服务媒介的交互行为之上。这个过程受到多种主客观因素的影响，不同的主体和客体可能会产生完全不同的体验感受。

唐纳德·诺曼（Donald Arthur Norman）的著名书籍《设计心理学》（*The Design of Everyday Things*）中提出的"行动的七个阶段"原则很好地分解了人们进行完整交互行为的步骤。首先主体（无论是主动还是被动）进入特定场景，在环境的影响下形成行动目标；接着，他们执行行动，感知客体的交互反馈，然后对这些反馈进行评估，并制定新的目标，如图 3-2 所示。

举一个简单的例子，比如我们在麦当劳门店里想要用自助点单机器点单。此刻，我们是被服务的对象，麦当劳门店为服务场景，自助点单机器是麦当劳为我们提供服务的媒介之一，成功点单是我们的目标。于是我们触碰屏幕上"开始点单"的图标（行动），但看到屏幕并没有反应（感知）。对于这个情况我们进行思考，判断可能是机器故障无法正常操作（评估），于是建立下一个目标：前去人工柜台。

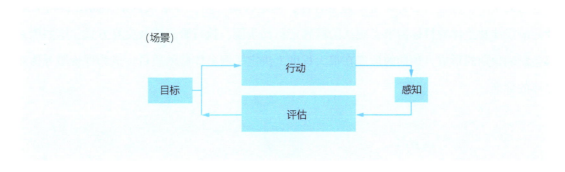

图 3-2　交互行为产生的基本步骤

在此基础上，诺曼又对"行动"和"评估"两个阶段进行了更深层解构，如图 3-3 所示。他将"行动"拆解为"计划（Plan）—确认（Specify）—执行（Perform）"的过程即设置行动计划、确认行动顺序并按计划执行；将"评估"拆解为：诠释（Interpret）、对比（Compare），即对客体的反馈进行解释，并将行动结果与目标相比较。

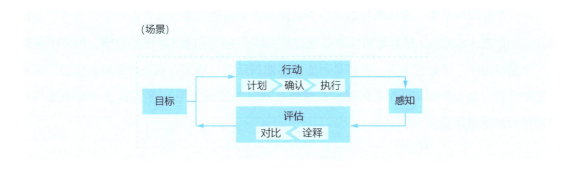

图 3-3　行动的七个阶段

依旧是在麦当劳门店里（服务场景）想要用自助点单机器点单（目标），我们计划要调出菜单（计划），而在执行之前需先根据产品功能提示以及按钮操作指示确认开始点单图标的位置以及操作方式（确认），之后再按照计划动手操作（执行）。但看到屏幕没有反应（感知），对这个情况进行思考，解释为可能是机器故障（诠释），将目前的结果与原目标相比较，目标没有完成（对比），需设立新的目标：前往人工柜台点餐。

在整个交互行为过程中，主体的情感会因为主体的个人经历和不同阶段遇到的情况而波动，从而对服务体验产生影响。主体根据需求设定一系列目标，在行动的阶段中，他们会根据自己的认知、经验和心智模型来理解客体，制定行动计划，并形成预期，如图 3-4 所示。计划阶段涉及主体的目标需求，确认阶段确定行动步骤，执行阶段涉及交互方式，这些因素都会影响预期的形成。预期的形成在很大程度上决定了服务体验的质量，成为评价服务体验好坏的标准。

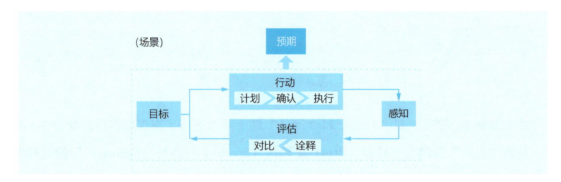

图 3-4　预期的产生

一旦执行阶段结束，客体的反馈将分为正向和负向两种结果，这将在体验过程中产生情感波动，如图 3-5 所示。尽管负向反馈可能会对主体产生一定的负面情感影响，但并不是影响主体情感的唯一决定性因素。主体是否能够感知到反馈、感知方式是否合理和适当，以及在感知反馈后是否能够获得相关的提示或情感互动（鼓励或安慰）等因素都会影响主体在感知阶段的情感体验。

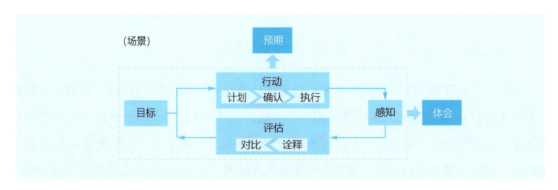

图 3-5　体会的产生

最后，在诠释和对比阶段，主体将对感知阶段接收到的反馈信息进行解读，并将其与最初的预期进行对比，从而产生思考和情感的积淀。主体在这个阶段评价整个服务体验过程，并根据评价结果制定下一个行动目标。单次服务体验的结果将修正主体下一步的行动决策，也可能积累情感体验，建立长期的情感联系，以及更新经验与心智模型。整个过程如图 3-6 所示，场景和需求会影响目标设定，行动的七个阶段将影响情感波动的三个节点：预期、体验和思考。这三个节点相互作用，形成整体服务体验。

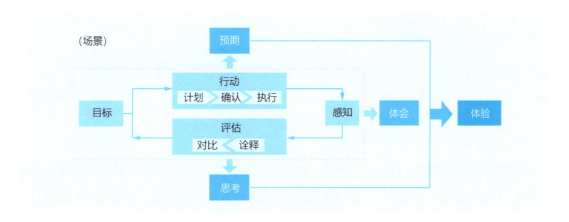

图 3-6　体验的形成架构

3.1.3　服务体验的三个方面

在传统的观念中，我们常常将服务体验的关注点集中在具体的、有形的产品之上。然而，随着社会的不断发展，我们已经进入了一个"体验至上"的时代，服务体验的重要性已经受到各行各业的高度关注，提供交互行为的客体不再局限于线上或线下的具体产品，而是可以根据涵盖的交互方式以及涉及的利益相关者的不同，将用户所经历的服务体验划分为"产品""活动"和"战略"三个方面，如图 3-7 所示。

产品层面的服务体验是指用户与具体产品进行互动时所获得的感受和印象，着重关注产品本身的性能、功能、设计、交互以及用户界面等方面。例如在性能方面，用户不愿意在使用产品时频繁遇到崩溃或卡顿的问题，而是期待顺畅的操作和高效的任务完成；在功能层面，用户希望能够轻松地找到并使用所需的功能，而不必费时费力地查找或学习如何使用；

在交互层面，用户希望操控简单、易用，尽量减少用户的学习成本；在界面层面，一个美观、易于识别和交互的界面可以减少用户的困惑和挫败感，提高用户的满意度。

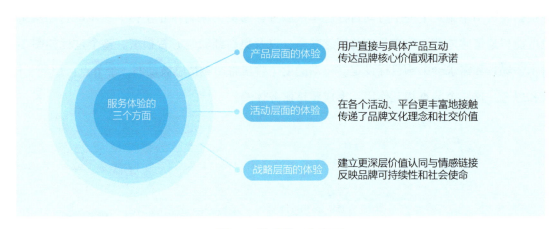

图 3-7　体验的三个方面

以家电界爆火的戴森（dyson）为例。戴森一直关注空气动力学在产品方面的基础研究和应用，所推出的每一款电器，几乎都打破了消费者固有的刻板印象，在性能上和外观设计上都做到了颠覆性，极大地方便了用户的日常使用。在功能方面，传统吹风机的进风口多设置在机身末端，常导致用户在使用过程中出现头发被卷入的危险情况。戴森洞察了这一痛点，将吹风机进风口转移至把手末端，还将全机重量最大的电机由机身后端转移至手柄中部，如图 3-8 所示。另外，戴森吹风机还通过改变开关按钮形式、产品色彩分割、机身材料

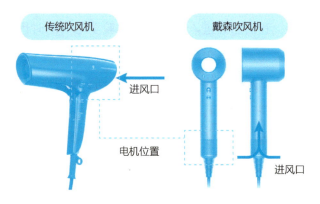

图 3-8　传统吹风机与戴森吹风机的区别对比

选择等一系列操作，分别在语义、感官（视觉、触觉、听觉）等方面对产品进行了全面改革，从而使人机关系更为统一，为用户带来更舒适、更顺畅的体验。

活动层面的服务体验是指用户在与品牌或企业进行各种互动时所获得的综合体验，涵盖了用户的整个购买旅程，从最初的品牌接触，到购买决策、购物体验、物流配送、售后服务，甚至包括品牌的营销活动、活动促销等。这一层面的体验更加全面，需要考虑用户在各个阶段的感受和情感，确保他们在整个旅程中都感到愉悦、满意和受到关怀。活动层面下，需将多个单一端口所产生的服务体验进行整体串联，包括线上线下的联动，宣传与实体的统一，售前与售后的保障等。与用户产生交互的客体也不再只是"物质产品"，还会涉及服务人员、门店装修、产品回收等。

战略层面的服务体验是企业或组织在体验生态中的最高层次，需要综合考虑多方主体之间的相互作用和关系，这一层面涉及组织的企业决策和整体体验生态的构建。不同的利益相关者，包括顾客、员工、供应商、合作伙伴等，他们的体验感受之间相互作用、相互关联、相辅相成，围绕着组织共同构成了一个"服务体验生态"。因此需要实现体验生态的动态平衡和持续发展，如果只关注其中某一个体验，而不从整体角度进行考虑，那么整个体验生态将无法实现稳定和持续的发展。与产品层面和活动层面相比，战略层面对于服务体验的评估将更加宏观且深远，需要进一步地分解成各项具体措施才能落实到每一个服务体验主体。

产品层面的服务体验、活动层面的服务体验和战略层面的服务体验之间存在密切联系，它们共同塑造了用户对企业或品牌的整体印象。其中，产品层面的服务体验是用户直接与具体产品互动的部分，它们传达了品牌的核心价值观和承诺；活动层面的服务体验涵盖了用户在品牌的各种营销活动、社交媒体互动、线上线下活动中的触点，这些互动传递了品牌的文化、理念和社交价值；战略层面的服务体验则涉及用户与品牌的政策、规定和社会责任之间的关系，反映了品牌的可持续性和社会使命。这三个层面的一致和协调可以增强品牌信誉，提高用户的满意度和忠诚度，同时用户的反馈和互动也为企业提供了改进和优化机会，共同构建了企业与用户之间深厚的关系。

3.2 服务体验经济的崛起

当今时代，传统经济向体验经济跃迁，市场关注的焦点、企业竞争、客户关系都发生了关键性转变。这些因素均有助于建立以服务为基础、以体验为关键、以价值为目标的服务体验三层次认知模型，从而帮助企业立足用户思维，创造超出用户预期的服务体验升级。

3.2.1　从传统经济到体验经济的跃迁

"体验经济"一词在1998年由派恩和吉尔摩首次提出，因两人出版了同名管理学畅销书而逐渐被世人熟知。在此之前，我们已经经历了农业经济、工业经济和服务经济三个阶段，如图3-9所示。

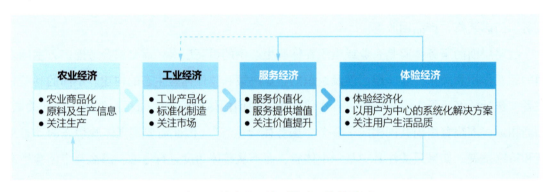

图3-9　从农业经济到体验经济的跃迁

农业经济是一种以农业生产为主导的经济模式，生产者主要提供农产品，经济的发展主要集中在原材料和生产信息上。农业经济主要以农村社区为基础，社会和经济生活围绕农田的种植和牲畜的饲养展开，农业活动是经济生活的核心，大多数人口从事农业劳动，土地耕种和牲畜饲养是主要的经济活动。农业时期的技术水平相对较低，依赖传统的农业方法和手工业，生产方式相对简单，重点关注生产量，而消费行为更多地遵循自给自足的原则。

随着第一次工业革命的兴起，世界逐渐进入工业经济时期。工业经济是一种以工业化和制造业为主导的经济模式，生产物品的焦点从农产品转向工业产品，经济的发展主要围绕大规模标准化生产，强调功能和效率，关注市场和成本。工业经济的核心是大规模生产和机械化制造，产品制造的自动化程度较高，工厂和生产线的存在成为主要特征。在当时，社会结构也发生了重大变革，城市化程度明显上升，大量人口从农村转向城市，工业工人和工厂工作成为主要的人口成分和生计来源。与农业经济时期相比，这一时期的技术水平得到了显著提高，蒸汽机、电力、机械制造等技术的广泛应用，改变了生产方式，推动了生产效率的迅速提高。农业经济和工业经济都提供物质产品，前者满足基本生存需求，后者满足日常使用需求，且后者是现代化和城市化的标志，对于国家的经济和社会发展具有重要意义。

在 20 世纪中期，制造业的份额在西方国家的国民经济中逐渐下降，新兴服务部门蓬勃发展。一方面，当时城市化程度不断提高，大量人口从传统的制造业和农业领域转向服务行业，知识工作者和白领阶层逐渐崭露头角。另一方面，信息技术、互联网和通信技术的普及与应用改变了商业和社交模式，推动了服务行业的蓬勃发展。在社会结构和信息技术的影响下，服务经济应运而生。服务经济是一种以服务提供和信息交流为主导的经济模式，它侧重于提供各种服务，如金融、医疗、教育、娱乐、咨询等，而不是生产物质产品。与工业经济相比，服务经济开始将注意力从物质产品转向消费者，通过提供服务来减少人们在某些方面的时间和精力成本，让人们的生活更加轻松、便捷。服务经济的兴起反映了经济结构的演变，强调知识、创新和信息传递的重要性。

到了 21 世纪，随着物质文明的发展、生活水平的提高、闲暇时间的增多、新技术的不断发展以及企业对消费观念的引领，服务经济逐渐向体验经济演进。体验经济是一种以消费者的感官和情感体验为核心的经济模式。在这个时期，企业在产品质量和功能方面取得了显著的进展，市场上产品的同质化现象变得严重，而爆款产品也受到技术革新的限制，商品化的趋势逐渐模糊了产品和服务所能带来的个性化和独特体验，这使得体验逐渐从服务中分离出来，成为一种新兴且重要的经济载体。体验经济强调创造愉悦、有趣、独特的消费体验，不再仅满足基本需求，而是将情感和感受置于经济活动的前沿。另外，在虚拟现实、增强现实等技术的加持下，体验经济变得更加丰富多彩，例如，通过虚拟现实眼镜体验虚拟旅行或在实际购物中使用增强现实技术获得更多的信息和互动等。

体验经济的兴起导致了国民经济的"产业结构高级化"，这是一个从传统的农业、工业到服务业再到更注重服务体验和情感满足的体验经济的演化过程。农业经济为工业经济的发展提供了人口和食物基础，工业经济则带来了城市化和技术革命，为服务经济的兴起创造了条件，而服务经济则为体验经济的出现提供了平台。体验经济反映了社会对情感和个性化体验的不断追求，但仍依赖于服务经济的基础，因为体验的创造和传递通常需要服务和信息技术的支持。这些经济模式之间的联系显示出社会和经济的不断演变，反映了人们的需求和价值观的变化。

体验经济时代的到来,是现代化社会发展的必然规律!

3.2.2 体验经济时代下的关键性转变

体验经济中的市场环境有以下三个关键性转变,如图 3-10 所示。这些关键性转变共同塑造了体验经济的市场环境,促使企业重新思考经营策略和与客户的互动方式。

转变因素	以往经济时代下	体验经济时代下
关注焦点	产品	用户
企业竞争	单一	多元
客户关系	交易	交互

图 3-10 体验经济下三大关键性转变

1. 关注焦点从产品到用户

当谈到体验经济时,关注的焦点已经从传统的产品转向了用户。在过去,企业主要关注产品的功能、营销和价格竞争力。然而,随着市场竞争的加剧和消费者需求的变化,企业逐渐认识到,仅仅提供具有功能性的产品已经不再足够。

首先,产品的功能受限于技术研发的周期性突破和革新。在信息爆炸和互联网技术的广泛应用下,技术革新的周期逐渐拉长,企业难以建立独特的技术壁垒,很难再推出具有真正差异化的产品。以手机行业为例,2009 年苹果 iPhone 手机进入中国市场后迅速带动了一大批手机品牌的兴起,但经过十几年的更新换代,现在手机行业的整体技术迭代都已趋于平稳,很难再做出真正具有差异化的产品。

其次,传统的营销方式已经不再有效。单款产品越来越难在琳琅满目的同类项中抓住消费者的注意力,互联网的流量红利已逐渐转变为了持续升高的获客成本。无论是想要打造爆款产品、网红景点,还是通过新颖的营销手段来增加品牌曝光率,短时间内都会有大量同质化产品浮现或在新一轮的热点浪潮的夹击下成为过眼云烟，爆款产品的盈利机会变得越来越短暂。

另外，价格竞争无法长期维持企业的竞争力。价格竞争确实在某些情况下可以为企业带来短期的竞争优势，但这种策略往往难以长期维持企业的竞争力。一方面，通过不断降低价格来吸引客户可能会导致企业的利润空间急剧减小，导致企业难以获得足够的资金来支持研发创新、提高产品质量或提供更好的服务；另一方面，价格战通常会导致产品同质化和品牌价值下降，也可能会削减企业在产品质量和客户服务方面的投资，导致产品质量下降和客户满意度降低，最终对企业的声誉产生负面影响。

在存量竞争时代的背景下，继续仅仅专注于产品将不足以维持长期竞争力。充实品牌内涵、提供卓越的服务体验、创新产品和服务等因素才更能帮助企业在竞争激烈的市场中脱颖而出，实现长期的成功。企业需要将关注焦点从产品转向用户，不再仅仅是销售产品，而是售卖一种服务方式。这意味着企业应以用户为中心，不仅要提供高质量的产品，还要创造出引人入胜、难忘的消费体验，从而吸引并留住更多的客户。例如，通过对交互场景的情境细分，可以挖掘出用户更深层次的需求，进而调整产品功能布局、弥补服务漏洞、提升品牌竞争力；通过探究目标人群的生活态度、消费理念，可以构建消费者认同的品牌形象、打造私域IP，创造品牌效益；通过对消费过程中顾客感官体验的重视与强化，可以依据体验经济大环境创新商业模式，从而奠定企业长青基础。

这个转变反映了市场对个性化、情感驱动的消费体验的不断增长的需求，使企业不仅仅专注于销售产品，还关注如何在整个消费过程中创造积极的情感连接和体验。这种转变将用户置于经济活动的中心，使他们成为共建者，而不仅仅是被动的消费者。这种以用户为中心的方法对于满足当代消费者的需求和期望至关重要，已经成为体验经济的核心特征之一。

2. 企业竞争从单一到多元

体验经济时期的企业竞争经历了根本性的转变，不再局限于单一企业与单一企业之间的竞争。过去的商业模式主要侧重于产品和成本，采用存量思维，将企业限制在产业链的特定环节。然而，随着关注焦点从产品向用户转变，越来越多的企业开始注重品牌和用户，采用增量思维来构建完整的商业模式闭环。正如世界级管理学大师彼得·德鲁克所言："当今企业之间的竞争，不是产品和服务之间的竞争，而是商业模式之间的竞争。"

随着外部市场客户需求逐渐饱和，企业的竞争重心逐渐内移，将焦点转向了行业内部资源的竞争。这一战略性的变化反映了市场竞争的演变，企业意识到单纯依靠市场扩张和新客户获取已经不再是唯一的成功路径。相反，企业开始更加注重行业内部资源的优化、创新和最大化利用。一方面，企业开始重新构思和改进企业的经营方式，寻找新的盈利模式和增长机会，包括产品或服务的定位和差异化、定价策略的重新制定、市场推广和销售渠道的改进等；另一方面，供应链在现代企业运营中起着至关重要的作用，它关系到产品的生产和交付效率，成本控制以及产品质量的保证。企业意识到通过协调和优化供应链，可以提高生产效率，降低成本，并确保产品和服务的质量。内部管理的提升也成为企业竞争的关键因素，通过提高管理效率、员工培训和创新，企业能够更好地应对市场挑战，保持竞争力，实现可持续发展。这一内部资源的竞争转变强调了企业竞争已不再仅限于产品和价格，而是更广泛地涵盖了商业模式、资源和管理的全面竞争。

此外，当前行业内竞争呈现出多元化的趋势，不同行业之间的合作和联动也不断增加。随着全球化的推进，企业竞争进一步加剧，市场份额的争夺成本上升，行业之间的界限也变得日益模糊，企业开始认识到跨行业的合作或互补性的合作可能会带来更多的机会和竞争优势。例如，悲伤蛙与优酸乳的 IP 合作、大白兔奶糖与光明冰淇淋的品牌合作、余额宝与湖南卫视的跨界营销等，如图 3-11 所示。这些不同行业之间的合作与联动不仅调动了消费者的情感价值，扩大了品牌影响力，还创造了更多元、互惠互通的市场环境。这一现象进一步强调了企业之间的竞争已不再是传统意义上的竞争，而是商业模式、资源和合作方式的竞争。

图 3-11　悲伤蛙×优酸乳饮料（左）；光明×大白兔奶糖雪糕（中）；湖南卫视×余额宝《2021 毕业礼》（右）

3. 客户关系从交易到交互

在体验经济时期，客户关系已经发生了显著变化，从过去的交易导向逐渐转变为体验交互导向。农业经济、工业经济和服务经济都是以生产者为主导的不同类型的经济体系，它们在定义商品时主要从卖方的角度出发，强调产品的质量和价格。在这些经济中，客户通常被视为经济产出的接收者，企业与客户之间的互动通常限于交易范围。企业会在消费之前通过不断向客户传递与其需求匹配的产品信息来吸引他们，但在消费结束后，客户的体验和反馈通常不会得到充分的关注和深入挖掘。这导致品牌方和真实用户之间的联系几乎中断，客户只能在短暂的交易中享受品牌提供的好处，而无法建立稳固和持久的客户关系。

而随着体验经济的兴起，这种僵局势必会被打破。体验经济的核心理念是将客户从消费者转变为共建者，将客户关系从简单的交易转变为以服务体验为基础的情感连接。体验经济的定位完全以消费者为中心，强调从消费者的角度理解产品。经济学家汪丁丁指出："体验不再是消费与生产截然分开的，体验是消费的，同时又是生产的过程。"客户不再仅仅是产品的消费者，而更多地成为体验的参与者和共建者。客户关系从冷冰冰的交易关系转向了情感联结，企业需要提供引人入胜的体验，满足客户的感官、情感和思维需求，以赢得客户的情感共鸣和忠诚度。

同时，客户的每一次体验反馈对企业都至关重要。体验是无形且主观的，企业只有重视用户在体验后的反馈，敏锐地识别其中的问题和机会，不断改进交互流程和行为，才能创造出真正符合客户需求的产品和服务，并建立起与客户之间的情感纽带。这种方式将商业从一次性的交易变为一生的持久关系，让客户成为企业的长期伙伴。

3.2.3 服务体验经济的三层次认知模型

服务体验经济的三层次认知模型强调了消费者在购买和使用产品或服务时的心理过程和期望，这个模型包括以下三个层次，如图 3-12 所示。

1. 服务是基础

服务是构建整个服务体验的起点和基础。服务作为基础包括了所有与客户互动相关的活动和元素，从产品销售到售后支持，从用户界面设计到客户服务，无论何时何地，服务都扮演着关键的角色，它不仅包括了提供产品或服务本身，还包括了与客户互动的方式、速度和质量。

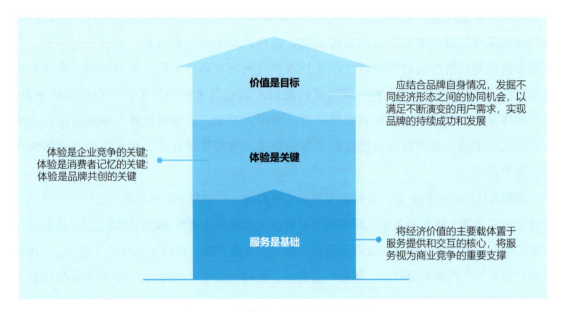

图 3-12　服务体验经济的三层次认知模型

当前的消费趋势已经从产品向服务延伸，品牌的定位也从营销向服务倾斜。服务是体验经济下商业发展的基础，因为它不仅提供了产品的功能性，更关键的是它还创造了与产品相关的愉悦、便捷和有趣的体验。在这个新的商业范式中，产品不再仅仅是单一的物理实体，而是与服务紧密相连，构成了一条流畅的服务链。进一步地，多个服务链可以被整合成一个生态化的服务体系，不仅关注单一产品或服务的交付，还将用户的整个生活场景纳入考虑。这种商业模式的转变不仅仅是品牌定位的变化，还涉及整个商业生态系统的演进。品牌不再仅仅是销售产品，而是提供全方位的服务和体验。消费者也不再仅仅是购买者，他们变成了服务的受益者和生态系统的一部分。这种全新的商业模式强调了服务体验的关键性，迫使品牌更加关注用户需求、创新服务方式，并建立深度的用户关系。

一些品牌也已经认识到消费者实际上是在购买一种生活方式，而不仅仅是产品，如

图 3-13 所示。例如，购买咖啡机不仅仅是为了享受咖啡的味道，更是追求咖啡带来的精神刺激，以及对精致、自律、小资生活状态的向往。这需要考量更多的元素，如咖啡豆的品质、咖啡的调配、杯具、桌垫等，甚至清洁和收纳也成了考虑的一部分。

图 3-13　小米咖啡机

服务基础的构建需要企业正视服务的重要性，将服务提供和交互视为经济价值的主要载体，积极开拓服务领域，将服务视为商业竞争的重要支撑，并持续创新服务模式。

2. 体验是关键

体验在当今商业环境中扮演着至关重要的角色，不仅是企业竞争的关键，也是消费者记忆的关键，更是品牌共创的关键。这一现象彰显了体验经济的特性，体验不再仅仅限于产品本身，而是贯穿了整个消费旅程的核心元素。

体验是企业竞争的关键。当前传统行业品牌正在经历前所未有的竞争变革，这一变化不是由同行业竞争者引起的，而是由那些提供全新体验的新兴品牌所推动的。这些新体验的提供者不仅仅是产品或服务的提供者，更是为客户提供全新方式来满足其需求的创新者。在体验经济中，关键在于企业为人们提供的体验是否可以被更好的体验方式替代。企业需要深入了解客户的需求和期望，不断改进和创新产品，提供独特的服务、创新的销售渠道、个性化的互动和引人入胜的活动，确保所带来的体验在市场上保持竞争力。

体验是消费者记忆的关键。在竞争激烈的市场中，消费者通常更愿意选择那些给他们留下深刻印象的品牌和产品。企业可以通过对用户旅程中体验高峰时刻与低谷时刻的数据收集，有意识地增加关键时刻的体验刺激来增加记忆点，并尽量弥补低谷时的不足。比如太二酸菜鱼会在顾客进门以及上主菜的时候要求服务员用洪亮且浑厚的语音语调高喊"吃鱼拯救世界！""比鱼更好吃的酸菜，来咯！"等极具品牌特色的口号；很多美容院会在服务结束时为顾客送上一杯温暖的桂圆红枣茶，贴心地叮嘱各类注意事项，并护送顾客出门甚至上车。更加深入地洞察、规划用户旅程，着重设计服务体验的关键时刻，增强用户体验高峰的记忆点，减少体验低谷，有利于使顾客对品牌印象深刻，建立更为深厚的品牌与用户关系，构建价值共创的用户黏性和口碑传播。

体验是品牌共创的关键。现代消费者追求与品牌之间更深层次的互动和参与感，他们不再满足于被动地接受企业传递的信息，而更愿意成为品牌故事的一部分，他们乐于与品牌产生互动与共鸣，见证品牌的蜕变与成长，建立远比"交易与消费"更深厚的客户关系，这即是品牌与用户共创的过程。小米正是这样一家拥有独特"粉丝文化"的高科技公司，他们利用新媒体进行运营，与用户直接面对面进行互动，如图3-14所示。在创业初期，小米团队就确立了一项严格的规定，从合伙人到产品经理和开发工程师，所有人都必须在社区论坛和微博上直接与用户交流，随时接受他们的意见和建议。在小米十一周年发布会上，雷军表示，正是因为有18.46万名初代米粉的支持，才使得小米在11年前获得了首笔3.7亿元的发展资金。正是这18.46万人的信任，让小米发展壮大到今天的规模，并成为整个行业中最注重服务体验的品牌之一。这种共创的过程不仅增强了用户的品牌忠诚度，还为企业带来了更多的创新和市场反馈。

3. 价值是目标

在体验经济中，企业的最终目的是通过提供卓越的服务和创造出色的用户体验，建立持久的客户忠诚度和积极口碑。这个目标的实现不仅仅与产品或服务的质量息息相关，更受到客户与品牌互动的每一个阶段的影响，这意味着品牌在购买、使用、售后等各个环节，都要为客户创造愉悦、难忘、个性化的体验，从而在情感和认知上建立深刻的联系。通过实现这一目标，企业能够在市场中脱颖而出，实现持续的业务增长，并将客户转化为品牌的忠实支持者和品牌的积极传播者，进一步巩固其市场地位和竞争力。因此，体验经济中的价值目标是通过服务和体验来赢得客户的心，创造共赢的商业生态。

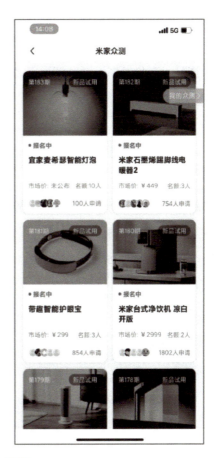

图 3-14　小米官方论坛

体验经济已将各经济形态融合，这一趋势不仅表现为品牌间的联名合作，还涉及不同行业之间的跨界合作，从而催生出多种新的商业模式。与此同时，在数字技术的支持下，相关企业之间开始共享资源，构建生态链，为满足核心用户群的需求提供系统、流畅、便携的协同服务。例如，汽车制造商不再仅仅提供汽车销售，而是与出行相关的品牌合作，为人们提供多种出行解决方案；地产开发商也不再只卖房屋，而是整合多方资源，提供更高质量的城市服务；零售行业也不再仅仅关注商品销售，而是致力于打造多元化的零售场景体验。

这些变革不仅涉及品牌自身的发展迭代，还包括品牌与品牌之间的联动创新、品牌与其他经济形态的商业模式创新，以及品牌与相关行业的合作共生等。体验经济的价值转化途径更加多样，渗透到生活的各个方面。因此，如何进行适当的商业创新，为用户带来更出色的体验，增强品牌的价值，是每个企业需要深入思考和实践的重要课题。这种创新应该结合品牌自身情况，充分发掘不同经济形态之间的协同机会，以满足不断演变的用户需求，实现品牌的持续成功和发展。

3.3 用户思维与服务体验升级

通过深入理解用户、把握市场趋势，提供卓越的服务体验，企业可以留住忠诚客户、在竞争激烈的市场中脱颖而出，具体行动包括把握用户思维、抓住新兴群体和创造服务体验升级三个步骤，如图 3-15 所示。

图 3-15　深入用户思维、创造体验升级三步骤

通过用户思维，企业可以更好地理解他们的核心用户群体，即那些对产品具有购买刚需、高度忠诚并可以精准触达的用户。随着市场的不断演变，新兴群体也在崭露头角，这些新兴群体可能带来新的趋势和机会，企业需要时刻关注这些趋势，确保自己不会错失潜在的消费主力。一旦企业找准了核心用户群体和新兴群体，他们需要为这些用户不断创造愉悦、满意和个性化的体验。上述三个步骤是体验管理和制定市场战略的关键元素，它们相互关联，共同推动企业走向成功。

3.3.1 用户思维，瞄准价值人群

小米正是因为有 18.46 万初代米粉的支持才得以发展到如今的规模，一个品牌、一个企业，想要长久地立足于市场并持续性地焕发新的生机，一定离不开"核心用户群体"。他们既是品牌的主要消费受众，也是拉拢潜在用户的宣传者，更是帮助企业发展的共建者。因此，"核心用户群体"需要具备三个特点：对品牌产品有购买刚需、对品牌有极高忠诚度、有统一明确的标签可以精准触达。那么企业应如何确定其专属的核心用户群体，又该怎样利用用户思维将核心人群牢牢抓住从而得到长效的支持？

品牌应围绕用户需求去选购或设计产品，而不是先囤积产品后再去寻找用户。企业需要先确定核心用户群体，通过深入的市场调研和用户分析，识别那些具备购买刚需、忠诚度高且具有统一明确标签的用户群体。然后洞察其真实需求，再根据需求去设置品牌下推出的产品。由于核心用户群体拥有统一明确的标签，最终品牌产品的风格也会趋于统一。

在保证足量用户规模的前提下，核心用户群体的划分越精确，越具有发展方向性和潜在市场价值。一份合格的用户画像不仅需要包含用户的年龄、消费水平、消费频率等基本数据信息，还更应该聚焦于用户追求的生活方式、价值取向、行为习惯、消费观、相关爱好等更深层次的维度。除了常规的经营交易数据，企业更需要洞察本源，探究用户购买背后的真实原因和不再复购的潜在因素，把握下一次消费的可能周期，真正理解用户行为背后的心理动机和需求趋势。在一次次的情感交流、筛选和磨合中，品牌不断修正对于用户群体的定位，才能逐渐摸索到属于自己的核心用户群体，并通过满足真正意义上的用户需求，建立品牌和消费者之间深厚的共识，实现用户反向给予的价值支撑。

当然，能为企业带来品牌影响的价值人群也不止核心用户群体一类，《体验思维》一书中曾提到七类人群可为企业带来不同价值，分别是主流人群（核心用户群体）、先锋人群（具有超前需求的人群）、种子人群（愿意尝试新鲜事物）、潜在人群（未来有可能服务的人群）、影响人群（能广泛传播的影响者）、追随人群（基于外界推荐而做出决策）、理想人群（通过品牌追求理想自我），如图 3-16 所示。这七类人群对品牌都有不同的意义，也需要企业根据自身的发展情况选择对不同价值人群的挖掘与投入，达到最理想的发展效果。

图 3-16　《体验思维》中的人群分类

3.3.2　新兴群体，换血消费主力

社会经济的迅猛发展和科学技术的创新推动了消费形式的不断升级，也进一步促使了消费结构和方式的改变。千禧年后出生的 Z 世代"00 后"一代已逐渐成年并步入社会，成为年轻一代的主要消费力量。这一群成长在服务经济和互联网环境中的原住民，展现出与之前几代明显不同的消费观念和倾向，这也标志着新的消费周期正在酝酿中。对于企业而言，深入研究"00 后"消费者的心理和行为，是把握市场未来走向、抢占商机的重要举措。"00 后"的消费特征主要有以下几点，如图 3-17 所示。

图 3-17　00 后新兴群体特征

1. 精明不盲从

成长在深度数字化环境中的"00后"群体拥有更广泛的信息获取途径和更成熟的信息辨别能力，因此具备了更为敏锐的"消费陷阱洞察力"。传统的营销策略、软广告植入和数据买卖等商业手法在他们身上逐渐失效。注重个性化和自我认同的"00后"不会盲目跟风，而是会选择适合他们自己的产品。一项关于"00后"大学生消费观念和引导策略的研究显示：当被问及"您对'博主种草，必须购入'的态度"时，37.9%的受访者表示"完全不赞同"，36.3%表示"不赞同"，仅有4.3%的大学生倾向于赞同。这表明大多数"00后"能够理性看待网络名人的强烈推荐，也有相当一部分人会主动研究化妆品、食品的成分，或者电子产品的性能、配置和型号，使自己具备更多的产品知识。与此同时，"00后"的消费趋向更加理性，他们不会盲目购买名牌，而更注重性价比。中国青年报·中青在线与拼多多联合发布的《爱"拼"青年：00后网购画像报告》显示，在电商平台拼多多上有超过5700万"00后"用户，其中超过90%的用户购买过拼单产品。"只买对的，不买贵的"理念，成为当下"00后"消费的主要趋势。

2. 愿为文化买单

新兴消费群体，尤其是"00后"，正在塑造一个新的消费格局，他们不再仅仅将购物视为获取产品的手段，而更将其视为与企业建立深刻联系、追求共鸣的方式。这一代年轻消费者越来越重视企业的文化内涵和核心价值观，他们希望与那些能代表他们价值观的品牌产生情感共鸣，这种共鸣不仅仅关乎产品本身，还包括企业的社会责任、文化背景、品牌故事等方面。根据腾讯发布的《00后研究报告》，约有48%的"00后"在购买商品时更倾向于选择国产商品。此外，公益活动已成为吸引"00后"关注的四大产品元素之一，与动漫、学习和游戏并列。新兴消费群体的这种关注文化内涵和价值观的趋势，对企业提出了更高的要求，他们不仅需要提供高质量的产品，还需要在经营中积极追求社会责任、塑造鲜明的文化特质，满足消费者的需求并建立有意义的品牌认同。鸿星尔克公司在面临破产边缘的困境时低调向河南灾区捐赠，而后其商品被大众疯狂抢购，相反，H&M因抵制新疆棉而被中国市场抵制；妇炎洁的广告涉及侮辱女性内容而被紧急下架……这些案例都深刻说明了这一点。

3. 重视体验感

随着体验经济的兴起,"00后"一代越来越注重消费中的体验感受。这种体验不仅包括了场景式的体验,如增强现实(AR)游戏和密室逃脱,还包括了服务式的体验,如用餐和按摩,以及充电式的体验,如旅游和健身。统计数据显示,"00后"在演出市场方面的贡献不可小视,他们积极参与Livehouse、演唱会和音乐节等活动,其中,2021年"00后"在Livehouse的票房贡献较2019年同期增长了7倍。此外,AR游戏、密室逃脱、剧本杀、猫咖、犬舍、手工艺体验坊等主打场景式体验的店铺也在近几年迅速崛起。

不仅如此,"00后"代表着更注重个性表达和多元文化的一代。他们在现实世界和虚拟世界中都极为注重自我形象的管理,从着装、妆容、配饰到虚拟世界中的ID和皮肤,都追求个性化和多元美的表达。信息时代的开放性让他们更容易接受不同文化和美学,鼓励自由表达和多元化的审美标准。这种独立思考和包容性的心态影响着他们的消费选择,越来越多的品牌也开始倾听并满足他们多样化的需求。

4. 消费圈层化

在数字算法的推动下,不同的商品、话题和爱好都被贴上各自的标签,被细分成不同的类别。年轻人根据兴趣、价值观和消费习惯在网络社交环境中自由地加入特定的圈子。许多"00后"热衷于加入那些与他们的兴趣爱好、价值观或生活方式相符的圈子。这些圈子包括喜欢动漫的"二次元圈"、专注于游戏的"电竞圈"、钟情国风的"汉服圈"等。在这些小圈子中,成员可以互相交流、分享信息、互相推荐喜好的商品,彼此感到归属感和支持,这进一步促使"00后"为他们的喜好进行消费。这种新兴的消费现象不仅有助于企业更好地挖掘和锁定核心用户群体,还启示企业应该顺应圈层文化,建立自己的社群,与用户建立更紧密的联系,营造出一种"大家庭"的感觉,从而实现互相支持和共同发展。

3.3.3 超出预期,创造服务体验升级

如何给予顾客超出预期的理想体验,在品牌与顾客接触的过程中增加美好记忆点,可以从"深度理解"和"提前预判"两个层面逐步切入。

深度理解，合理优化。顾名思义，就是需要企业站在用户的角度深度了解其需求及痛点，然后回归专业领域用恰当的方式对用户需求的解决方案进行优化。这包括了对用户的真实需求和潜在需求的分析，以及对其独特个性、偏好和价值观的理解。很多产品打着自由度高、操作性强的旗号将自定义的限度设置得太广、太片面，或是根据用户的表层需求对产品功能进行一味地叠加，看似是以用户需求为核心，实则根本没有在用心经营自身的发展路径。顾客想要快马是因为想要更快地到达想去的地方，福特最后造出了汽车；《梦想改造家》中嘉宾希望加宽厨房的台面好方便平时和面、擀面，最后设计师将饭厅的餐边柜进行抽拉式的改造，创造了另一个可以供全家人一起包饺子的温馨空间；微软公司在全球 PC 行业的瓶颈时期推出 Surface 系列，使用户可以同时兼顾娱乐和办公。用户需求共创给予的更多是创新方向和设计灵感，企业需要运用专业技能提出更优化的解决方案，从而超越顾客预期。

提前预判，引领需求。理解用户最好的状态是把自己变成用户，变成和目标用户相同的思维模式和行为模式，这样才能发现用户内心中的情绪波动和下意识里的行为习惯，在用户还没想到时做出提前预判。通过这种预判，品牌可以积极地主导市场，提前满足用户的新需求，甚至创造出他们尚未意识到的需求，从而为用户提供更具创新性和价值的产品、服务和体验。这不仅有助于品牌保持竞争优势，还能够加强与用户之间的紧密联系，促使他们更多地参与共创过程，共同推动产品和服务的不断改进，实现双赢局面。例如钉钉洞察到用户不想被冗余的消息打扰所以设计了轻量化互动与消息的聚合；戴森吸尘器的研发团队发现九成用户通常是在看到地面有脏东西时才会使用吸尘器，于是他们在新推出的 V12 Detect Slim 中增加了激光探测功能，让肉眼难以察觉的灰尘在激光照射下变得一览无余。

在建立用户思维的前提下，积极触达用户、挖掘其需求和痛点并对其进行合理优化与创新，做到用户没想到的，做到用户想不到的，才能超出预期，创造体验升级！

3.4 服务体验，无处不在

伴随着社会经济的蓬勃发展、社会环境的改变、生活水平的提高以及消费理念的转变，人们开始更加注重体验的质量，并愿意为服务体验买单。社会对于服务体验的重视已不仅仅局限于商业，正在逐步渗透进医疗、教育、城市治理等居民生活的方方面面。

例如在医疗行业中，患者就医体验越来越受到重视。越来越多的医疗机构，已经采纳和应用服务行业经过多年实践总结出的客户管理经验，注重患者就医体验管理和医疗服务价值，并力争超出患者预期。"去院感化""医患结合"等理念在近几年也逐步兴起，不仅需要改善患者的就诊体验，医护工作者的工作感受也不容忽视。如何平衡好院方、医护、患者及家属多方的利益保障和体验感受，是医院管理一直在努力探索的问题。经过调查发现，近年来各大医院正在从重新规划就诊流程、创新设计医院环境、建立患者体验管理系统等诸多方面对就医体验进行全面升级。

2021年河南省人民医院高度重视患者体验工作，从以下三个方面展开积极探索。一是以现场管理为切入点，采用现场管理系统（OSM）对生产现场、各生产要素进行科学有效的管理。整合场地资源，深入研究和分析医疗服务流程，逐遍排查管理漏洞。逐步扩展至全院各个医疗单元，成功推动现场管理的实施，建立强操作性的"培训—评估"推进模式和内部管理机制。二是以信息化平台为抓手，对医疗纠纷风险问题进行网格化管理。构建新的律师驻院法律服务机制，设计并实施医疗纠纷信息管理系统，利用多个数据来源收集潜在的医疗纠纷风险，建立警示系统，对纠纷情况进行分步处理、分类管理。三是以标准化管理为保障，学习企业管理模式，建立围绕资源管理、优质服务、风险管控三方面统一且合理的管理标准，为"患者体验+"创新管理模式的运行提供保障。

在经过全方位的患者体验管理工作整改后，医院进行了一项关于患者满意度的调查，该调查旨在探究患者满意度量表的心理特征，评估患者满意度水平和其与相关变量之间的关系。结果表明，2020年较2018年的新增投诉率、新增纠纷量、住院类投诉发生率都有显著下降，同时无责任无赔偿纠纷比率上升。在2019全国三级公立医院绩效考核国家监测指标中，医院在住院患者满意度评价方面表现出色，获得了最高分的优异成绩。这一成就不仅在医院的综合评分中使其位居全国第69名，还使其在河南省排名第1，彰显了服务体验管理在提升患者满意度、改善医患关系、营造医院文化和树立医院品牌等方面的重要作用。

服务体验管理在城市治理层面也同样具有切实、深远的意义。正如习近平总书记所强调的："要多推有利于增强人民群众获得感的改革。这些年，我们一以贯之、与时俱进地加强机关效能建设，在减权放权和方便群众办事上取得明显成效。但是，群众反映'办事慢、办事繁、办事难'问题仍然不同程度存在，为了办成一件事情往往需要到有关部门跑多次，不仅耗时费力，而且闹心费神"。"最多跑一次"政府服务改革因群众需求而生，由浙江省于 2016 年 12 月率先提出实施，在全国范围内迅速普及。"最多跑一次"改革是通过"一窗受理、集成服务、一次办结"的服务模式创新，让企业和群众到政府办事实现"最多跑一次"的行政目标。具体改革措施包括但不仅限于：多种业务一窗通办、一窗受理，让数据跑代替群众跑；将线下转为线上，多种证件自助办理；清理无谓证明，简化办理流程。使群众痛点逐个击破，大大提升了办事效率，增强群众幸福感与获得感。

在各地政府的持续努力下，便民服务系统不断升级，不少省份根据地方民生实际情况结合地域特色，自主研发推出了便民 App 及配套小程序，涵盖的服务范围更广，内容也更为细致。以"开锁"这件小事为例，广州市居民如果需要开锁服务又担心个人信息泄露，只要通过"粤省事"微信小程序申请即可轻松解决，如图 3-18 所示。广州市公安局的相关负责人表示，对于提供平台便民开锁服务的企业和从业人员，公安机关将采取严

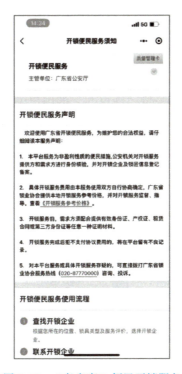

图 3-18　"粤省事"便民开锁服务

格的信息审查、登记备案和全流程监管措施。群众可以通过扫描开锁人员出示的身份验证二维码来核实锁匠的真实身份，以确保安全和可信赖的服务。类似于"开锁"这般的小事还有很多，越来越多的不足为奇但又与民生质量息息相关的小事都能通过"粤省事"轻松搞定。

同样，浙江省政务服务网推出一体化平台"浙里办"App，主要包括"掌上办事""掌上咨询""掌上投诉"三大核心功能板块，以及查缴社保、提取公积金、交通违法处理和缴罚、缴学费等数百项便民服务应用，如图3-19所示。截至目前，"浙里办"App已经推出了包括公共支付、生育登记、诊疗挂号、社保证明、公积金提取、交通违法处理等17个类别，涵盖了300多项便民应用。这个应用为省级提供了168项掌上办事服务，市级平均提供452项服务，县级平均提供371项服务，为居民提供了广泛的便民服务选项。大到新生儿出生证明、企业税收，小到公交班次查询、天气预报，人民群众足不出户在"浙里办"上就能统统搞定，从"最多跑一次"进阶到"一次也不跑"，是"浙里办"研发团队一直秉持的目标。但功能如此强大的超级App，又需要同时面对极为庞大的用户群体，研发之路必难顺遂。不同于商业化App，"浙里办"作为政府形象为用户提供公共服务，会面临用户与市场更严格地挑剔与更尖锐的评价。"群众办事只有办成和办不成两种结果，没有中间地带。要么1星差评要么5星好评。"杭州一位"浙里办"的用户说：作为浙江政府在线上的公共形

图3-19　"浙里办"App

象，用户不仅会将其对标其他地区的政务服务 App，更会拿它与其他热门 App 的使用体验相比较。因此，"浙里办"的研发团队必须以一个更端正的态度来面对网络上的不同言论，认真倾听用户的声音，以用户为中心不断地更迭优化产品的使用体验。自 2014 年以来，"浙里办"已经经历了六个重大版本升级，并在此期间进行了上百次的更新和改进。特别是自 2021 年启动数字化改革以来，"浙里办"已经围绕第六个版本进行了 20 次修复和更新。迭代仍将继续，精进永无止境。数字技术一路向前，围绕服务体验优化的政务服务改革切实有效地改善了人民群众的生活，对推动国家城市发展有着重要影响。

第4章

服务体验新基建：体验持续造浪的核心动力

新时代服务体验的外延要求企业关注到服务体验的方方面面，而服务体验这种主观性较强且难以量化的指标给企业带来了管理上的难题，传统的服务体验管理方法缺陷颇多，无法应对以数据为核心竞争力的市场环境，亟须用数智手段革新服务体验管理方式，以数据为基，体验为本，智能技术为势，跨越数字鸿沟，构筑服务体验新基建。

4.1 新时代服务体验的外延

随着科技的进步、用户需求的多元化发展、市场竞争的加剧、社交媒体影响力的不断扩大以及对于可持续发展的追求,世界迎来了体验经济的新时代,服务体验的概念不断扩展延伸,从企业管理的角度来看,新时代的服务体验囊括了用户体验、品牌体验、员工体验、渠道体验以及社会责任体验等多个方面,如图4-1所示。服务体验已然成了影响企业竞争力的重要因素,只有对这些多维度的体验进行全面综合性的管理,企业才能在激烈的市场竞争中保持竞争优势,并实现可持续发展。

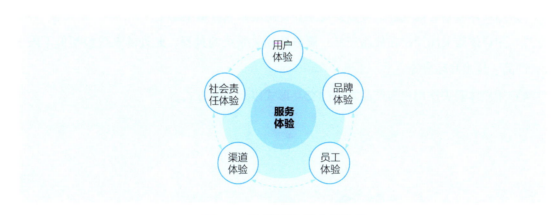

图 4-1 新时代服务体验的外延

4.1.1 用户体验

用户体验的概念最早出现于20世纪40年代的人机交互设计领域,以可用性(usability)和以用户为中心的设计(user-centered design,简称UCD)为基础,是指用户在与产品、服务或系统进行交互时所产生的感受和主观评价,包括终端用户与公司、公司服务及产品之间互动的所有方面。且任何产品无论是否在设计时考虑了用户体验要素,都会给与之交互的用户带来一定程度的体验。因此,良好的用户体验管理对企业至关重要,它能够影响产品或服务的市场竞争力、用户忠诚度和口碑形象。以星巴克为例,人们选择去星巴克时,并非只是为了咖啡本身,而是为了享受星巴克提供的一系列服务,包括咖啡、咖啡杯、餐巾纸、点单过程、星巴克的室内环境等等。星巴克作为服务提供者，通过打造人们对咖啡的优质体验，创造出了其独特的咖啡文化价值：激发并孕育人文精神——每人、每杯、每个社区。而消费者作为服务接受者在这个过程中获得了难忘的消费体验。

用户体验并非仅指产品本身的功能和性能，而是涉及产品与外界的互动及使用过程，关注人们如何与产品接触、使用和感知，具有很强的主观性，因此存在许多不确定因素，如个体差异导致每个用户的真实体验无法通过其他方式完全模拟或再现。用户体验的概念在不同时期、不同学科以及不同领域有着不同的定义与解释，但其核心特征主要有以下几个方面，如图 4-2 所示：

1）用户体验关注人或者用户群体各方面的感受。
2）用户体验具有情境性，即需要建立在特定场景或者情境之下。
3）用户体验关注用户在使用产品、服务及相关系统的过程，此处的系统包括但不限于人、产品、技术和环境等。
4）用户体验关注用户与产品之间的交互形式以及实现方式。

图 4-2　用户体验核心特征

企业可以根据以上核心特征制定服务体验的管理策略，通过洞察目标用户群与产品应用场景，优化产品或服务的设计、交互和提供过程，从而创造积极、愉悦和满意的服务体验。

4.1.2　品牌体验

Brakus 等人最早提出了品牌体验，并将其概念化为由品牌相关刺激引起的感觉、感受、认知和行为反应，这些刺激通常是品牌设计和标识、包装、传播及环境的一部分。同时，结合市场营销、哲学、认知科学和管理实践等多学科知识，构建了品牌体验量表，将品牌体验划分为感官、情感、认知和行为四个维度，提出消费、产品、服务和购物体验共同构成了完整的品牌体验，直接影响着消费者的满意度和忠诚度。品牌的角色，从单纯的标识符号变成了体验的提供者，而品牌体验则是消费者与品牌建立关系的重要过程。同样以星巴克为例，顾客在星巴克门店享受的体验包括选择咖啡，在杯子写上名字，在舒适的沙发上等待，到柜台取咖啡，使用免费无线网络，享受咖啡厅中前卫的氛围等等，且每一位顾客无论在任何时候、任何门店都可以享受到这种标准化的体验，从而不自觉地将品牌与某种需求或感觉联系，此时品牌体验就产生了，顾客买的不再是咖啡，而是"星巴克"。因此，品牌体验管理于企业而言至关重要，它涵盖了品牌定位、价值观和文化建设、触点管理、一致性管理以及持续改进等多方面。

随着品牌体验重要性的不断提升，越来越多的学者开始关注与品牌体验相关的理论与实践研究，Khan等人对品牌体验相关的学术文献进行了全面评估与总结，构建了品牌体验的前因后果概念框架：事件营销、品牌触点、品牌刺激、叙事与信任及有用性感知等线上线下的品牌体验前因，促成了客户满意度、品牌忠诚度、品牌态度、品牌信誉、品牌资产与购买意向六个方面的品牌体验结果，并指出未来研究应进一步探索品牌体验前因的可控性与对品牌体验创造的重要性，以帮助营销人员设计出更有效的营销策略，从而提升品牌体验，如图4-3所示。通过有效的品牌体验管理，企业可以塑造强大的品牌形象、提高用户满意度、

图 4-3　品牌体验

增强品牌认知度、建立长期的客户关系。

4.1.3 员工体验

随着社会的进步与数字化浪潮的席卷而来，公司纷纷开启了数字化转型，向知识型、服务型公司转变，市场对于人才的创新能力与应变能力的要求越来越高，人才争夺战愈演愈烈。一方面，公司难以找到符合需求的人才，另一方面，员工对公司的满意度与忠诚度日益降低，公司内部人员流失与调动较大。在动荡的市场环境之下，公司若想赢得竞争，亟须重新思考员工与公司之间的关系，由此员工体验（Employee Experience）开始得到了广泛的关注。

员工体验是指员工在工作环境中所感受到的全部体验，包括技能培训、工作条件、文化氛围、福利待遇、个人发展机会等方面，不仅直接决定了员工的工作满意度、参与度和忠诚度等，还会对公司效益产生很大的影响。埃森哲公司研究显示，如果员工体验与用户体验兼备，企业利润率将提高21%；如果仅有客户体验，利润仅提高11%。为提升员工体验，学者Josh融合设计思维提出了员工体验的六项原则：深入了解员工及其需求、拥抱广阔的整体性思维方式、化无形之物为有形、鼓励员工积极参与、迭代和试验、信任并欣赏员工体验的全过程，以帮助企业从员工需求、情感、员工体验流程、员工参与度等方面进行全方位的员工体验设计与优化。

如今，我们正处于传统主义者、婴儿潮世代、X世代与千禧一代四代人并肩工作的开创性时期，每代人对于工作的期望与诉求各不相同，打造符合不同人群需求的员工体验进一步增加了企业的难度。如何对员工体验进行分类管理、如何数字化员工体验流程、如何整合线上线下的员工体验等问题成了企业需要重新思考与策划的核心。

4.1.4 渠道体验

渠道体验（Channel Experience）是指消费者在与企业的各种渠道进行接触和互动时所获得的体验，良好的渠道体验能够提升消费者对企业品牌的认知、参与度和满意度。随着智能手机的普及、互联网的普及以及社交媒体的兴起，消费者的购物方式和行为发生了巨大变化。传统的线下零售模式不再能满足消费者的多样化需求和购物习惯，企业开始对销售渠道与模式进行拓展与创新，开拓线下（如实体店铺、展示中心等）和线上渠道（如网站、移动应用、社交媒体等）进行多渠道零售。回顾零售业与数字商务的演变历程，可将渠道体验的发展分为三个阶段：第一阶段（20世纪90年代中期至2004年），零售商推出了第一批在线渠道，开启了多渠道销售，其特点是技术驱动，独立管理，与传统渠道集成性差；在第二阶段（约2005年至2014年），出现了对多渠道进行整合的需求，零售商将其销售策略集中于消费者需求上，同时开始了解消费者在他们选择的渠道上进行购物的原因；进入第三阶段（约2015年至今），大众的购物模式发生了颠覆性的变化，全渠道零售兴起，渠道间的整合程度进一步提升，每个渠道都成了消费者与品牌之间的触点，特别是2020年暴发的新型冠状病毒大流行，促使大型零售商全面采用全渠道战略，而小型的本地零售业纷纷开始开展线上销售业务。

在全渠道零售的大环境之下，移动应用程序和数字接触点对购物行为的影响越来越大，客户可以通过更多渠道查找和购买产品，如图4-4所示。客户旅程可能始于在智能手机上搜索产品信息，然后在论坛与社交网络中进行讨论，抑或是与朋友面对面交流产品信息，最终购买可能在商店或网上进行，购买后的沟通和优惠信息又可通过多种渠道直接发送给客户。

图4-4　全渠道体验触点

客户一方面享受着全渠道的服务，同时又继续推动着全渠道体验的发展，希望不同渠道之间的互动可以进行无缝衔接，在所有渠道中获得一致且高度个性化的体验。这就要求企业在各个不同层面进行业务延伸，给企业管理带来了诸多问题与挑战：如何对广告、社交媒体、网络购物、实体店等平台或渠道进行标准化管理，如何全面掌握用户旅程把握品牌触点，如何应对渠道整合的挑战，如何在购买过程中结合多个渠道来探索客户行为，等等。

4.1.5 社会责任体验

企业的社会责任包括环境保护、社区参与、公益慈善、道德经营等方面，通过积极履行社会责任，企业可以建立积极的品牌形象。社会责任体验（Social Responsibility Experience）是指消费者与企业在社会责任方面的互动和感知所获得的体验，注重消费者在其中的参与性。企业单方面进行捐款等活动难以引起消费者的共鸣与认可，而邀请消费者共同参与公益活动或在产品设计中体现社会公益性，能较好地引起大众的广泛关注，给消费者带来良好的社会责任体验，得到消费者的认同与支持。随着互联网媒体的发展与环境问题的日益严峻，大众对环境污染、资源短缺、就业、劳资冲突等问题的关注度不断提升，企业在这些问题上的处理方式与态度，会直接影响品牌口碑与用户好感度。例如，优秀的社会责任项目蚂蚁森林，将企业的社会责任融入用户的日常生活，构建了一个共同参与、共同成长的社会责任体验。用户可通过手机App的互动积累能量值，用于种植真实的树木，还可邀请朋友加入项目，共同参与公益行动，形成社群效应。这种参与式的公益行动赋予用户实际行动的意义和成就感，激发了用户对环境保护和可持续发展的关注，并促使他们采取具体行动改善生态环境。同时，该项目也帮助蚂蚁集团树立了绿色环保的品牌形象，扩大了其社会影响力，增强了用户对品牌的信任和认同。

从企业管理的角度来看待社会责任体验管理，可以理解为企业在履行社会责任的过程中，注重管理与体验的结合，以提供良好的社会责任体验。企业应通过明确社会责任目标、设计综合的社会责任体验、关注多方利益相关者体验、积极传递社会责任信息、与利益相关者进行透明的沟通、建立社会责任管理的持续改进机制等方式增强利益相关者的认同和参与度，提升企业的社会影响力和可持续发展能力，塑造一个符合消费者与社会期待的良好形象。

新时代的服务体验要求企业全面关注服务体验的方方面面，然而服务体验通常充满主观性且难以量化，传统的服务体验管理方法已经显现出不足，无法适应以数据为核心竞争力的市场环境。因此，急需用数据智能手段来改进服务体验管理方式。这种创新方法以数据为基础，将服务体验置于核心位置，重视数据的价值，将数据采集、分析和应用贯穿于服务体验的各个环节。通过数据驱动的服务体验管理，企业可以更准确地洞察客户需求和情感、发现潜在问题和机遇，指导战略决策，提升客户满意度。

4.2 大数据是服务体验管理的主流和未来

随着互联网技术的迅猛发展与普及，人们在日常生活中不经意间就会产生大量数据，包括社交媒体数据、在线交易数据、传感器数据等，数据量呈指数级增长，造成了数据爆炸的现象。服务体验管理旨在对数据进行规范化管理与有效整合，在保证数据合规合法的情况下，推动大数据融入各个领域，为各行各业带来生机。服务体验管理领域在大数据浪潮的影响下，开始重视用户数据的收集、存储和分析，利用大数据分析洞察市场趋势、管理客户旅程、优化服务体验，企业借助大数据技术融合的服务体验管理在竞争中取得优势。

4.2.1 传统服务体验管理遭遇四大困境

置身于数据爆炸的环境中，数据已然成了现代社会运转的生命血脉，而传统的服务体验管理方式难以充分挖掘这些数据并将其转化为有价值的洞察。面对丰富的数据资源，传统的服务体验管理主要存在数据离散、难以洞察、流程不畅和行动不成体系四大困境，如图4-5所示。

图4-5 传统服务体验管理的四大困境

1. 数据离散，采集、分析及应用复杂且困难

过去，企业更加依赖传统的市场调研和反馈渠道，但这些方法常常不够实时和精确。现代消费者在不同渠道上的行为数据大量增加，服务体验数据通常是离散分布的，这意味着用户在不同时间、不同地点和不同情境下产生的数据可能会存在巨大的差异性和多样性，要想全面了解他们的需求和偏好，传统方法已经显得力不从心。如果想要了解用户在不同的地点、时间和情境下的体验情况，就需要对用户进行跟踪和观察，不仅会耗费大量的人力和时间成本，还会涉及很多隐私和安全问题，反馈用户的意见和建议也可能存在滞后性。

传统的调研方式也容易受到用户主观因素的影响，很难确定是否采集到了真实有效的数据。服务体验是一种主观感受，每个人的感受可能都不同。例如，一个产品可能被一个用户评价为优秀，但对另一个用户来说可能并不理想。用户也可能会出于礼貌或其他原因对产品进行过度好评或贬低，这将会影响数据的真实性和有效性，进而影响到后续的数据分析和应用。因此，如何收集到真实有效的数据就变得至关重要，传统的调研方式难以保证数据的质量和可信度。

由于服务体验数据通常具有多样性和异质性，传统体验管理方式下的数据分析和应用也变得更加复杂和困难，例如不同的用户、不同的场景、不同的时间等，这些数据需要进行有效的整合和分析，才能提供有意义的信息和洞见，在实际应用过程中，还需要考虑多个因素的影响，如技术、成本、资源等，这也需要投入大量的时间和人力成本。

2. 看到数据变化，但难以洞察根因

我们生活在一个数字化和互联网普及的时代，从社交媒体上的帖子到在线购物的记录，从移动设备上的位置数据到健康监测的信息，每个人无时无刻不在产生数据。这为企业、政府和个人提供了大量的信息来源，但同时也使数据管理和分析变得更加复杂。如何从这些海量数据中提取有价值的信息来指导决策和改进服务，是一个长期存在的挑战。

数据往往以离散的形式存在，分布在各个系统、平台和部门之间。这些离散的数据岛屿难以协同工作，构建完整的数据链路需要克服许多障碍。不同系统的数据格式、数据质量、数据安全等问题都需要解决。数据的碎片化使得企业或组织难以形成全面的、一体化的数据

视图，从而导致了洞察和决策的局限。

在技术方面，尽管大数据技术取得了巨大进展，但数据分析和处理仍然需要强大的计算能力和先进的算法。数据的多样性，包括结构化数据和非结构化数据，需要多种工具和技术来有效管理和分析。同时，及时获取、分析和响应数据可以为企业提供竞争优势，但也需要建立实时数据处理和决策机制。

3. 闭环管理流程不畅，客户反馈难以及时跟踪处理

传统的服务体验评估和优化方法受到了部门职能的束缚，通常将体验问题局限在某一特定环节或触点上，这使得企业内部出现了部门和渠道之间的壁垒，导致协同和综合性的体验优化变得非常困难。这种局面引发了一系列棘手问题，首先是闭环管理流程不畅，信息和反馈往往难以迅速上传和下达，导致了反应迟钝和决策滞后。其次，体验问题通常涉及多个环节和部门，但由于分工不明确，很难界定各部门的职责，这使得问题的解决变得复杂和混乱。另外，由于缺乏跨部门的协同机制，客户反馈往往难以及时跟踪和处理，这影响了客户满意度和问题的解决速度。这一系列问题凸显了传统方法的局限性，需要新的综合性和协同性的体验管理方法来适应不断变化的市场需求。只有打破部门壁垒、建立协同机制，才能更好地实现体验优化，提升客户满意度，提高企业的竞争力。

4. 行动不成体系，各类体验工作零散且不规范

在体验问题的优化方面，通常存在着一系列问题，其中最显著的是如何实现统一和及时的行动。这一问题的根源在于企业或政府部门通常以各个部门为基础建立各自的体验管理闭环。这种部门化的管理模式导致了协同全面的体验管理变得极为复杂，充满挑战。同时，体验问题往往涉及多个方面，需要多个部门的迅速协同合作来解决，这种跨部门的协作更加困难。

首先，各个部门往往拥有自己的体验管理流程和工具，这导致了信息孤岛和工作流程的分散。当一个体验问题涉及多个部门时，需要在这些部门之间进行信息共享和协作，但由于不同部门之间的工具和系统不兼容，信息传递通常变得缓慢且容易出错。其次，体验问题的解决往往需要多个部门的参与和协同。例如，一个客户在购买产品时遇到问题，就可能涉及

销售部门、客服部门和技术部门等多个部门的协同工作。然而，由于部门之间的界限和职责划分不清，问题的责任归属和协同变得复杂，常常需要耗费大量时间来协调和解决。最后，这种分散的管理方式也导致了体验问题的响应不及时。客户的体验问题需要快速响应和解决，但信息流通不畅、协同困难，会导致问题处理的效率低下，客户的满意度受到影响。

要解决体验问题的优化问题，企业和机构需要采取一种综合性的、跨部门的管理方法，打破部门壁垒，建立协同机制和流程，统一信息共享平台，以便各个部门能够实时共享信息并协同工作。只有通过这种方式，才能更好地实现统一和及时的行动，提高体验问题的解决效率，从而提升客户满意度和组织的整体绩效。

4.2.2　全球视野下数据治理的四大发展阶段

随着信息技术的迅速发展及互联网、移动设备和物联网的普及，人们生产和积累的数据量呈爆发式增长，特别是大数据的出现，标志着数据利用与探索的新时代的到来。一方面，这些数据成了组织和企业的宝贵资产，帮助洞察市场需求与消费者行为，从而更好地优化产品与服务，提升市场竞争力，促进数字化转型；另一方面，数据管理与数据安全问题日益凸显，组织和企业通常需要面对多个数据源、不同数据格式和复杂的数据系统，如何有效整合、管控、共享与分析大量多源异构的数据，给企业数据管理带来了巨大的挑战。由此，数据治理迅速兴起。

数据治理作为一种较新的术语，有多种定义。Cohen 将数据治理定义为公司对数据在数量、一致性、可用性、安全性和可触性等方面进行管理的过程；Thomas 认为数据治理指的是执行信息相关流程时所应履行的责任，是组织机构在使用数据时应遵循的规则；Otto 指出数据是企业的宝贵资产，而数据治理是帮助公司内部分配权力与义务以充分利用数据的框架。这些概念都体现了对数据进行管控的重要性，然而数据没有自己的意愿和意图，是工具和人塑造了数据并主导了数据的流向，因此可以说数据治理的本质就是人与技术的治理，随着时代与科技的发展不断更迭演进。纵观全球数据治理的发展历程，可将其大致分为四大阶段，如图 4-6 所示。

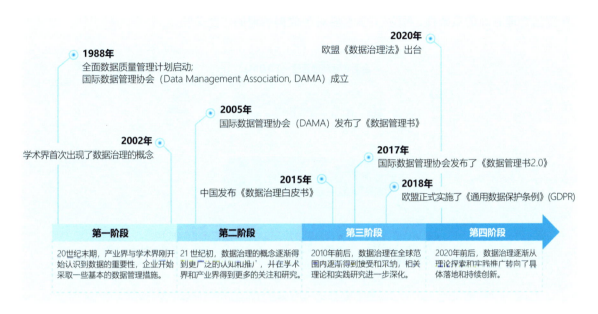

图 4-6　数据治理发展的四大阶段

1. 第一阶段

第一阶段始于 20 世纪末期，产业界与学术界刚开始认识到数据的重要性，企业开始采取一些基本的数据管理措施，如数据分类、数据备份和安全措施等，而数据治理的相关理论研究尚不成熟，缺乏统一的标准和框架。1988 年，麻省理工学院的 Stuart Madnick 教授和 Richard Wang 教授提出了数据质量管理（Data Quality Management，DQM）的概念，并启动了全面数据质量管理（Total Data Quality Management，TDQM）计划，旨在对数据质量进行全方位的研究，如图 4-7 所示。该计划系统地梳理了数据质量管理的框架，提出数据制造的概念，通过对数据质量管理体系进行度量、分析与改进，从经济、技术与组织三个层面对数据进行管理，以有效提升数据质量。同年，国际数据管理协会（Data Management Association，DAMA）成立，数据管理领域拥有了专业团队与交流平台。由此，正式拉开了探索数据治理领域的序幕。直到 2002 年，学术界首次出现了数据治理的概念，美国学者 Watson 等人关注到了 Blue Cross 和 Blue Shield of North Carolina 两家公司所进行的数据治理实践，发现有效的治理是数据仓库成果的关键,他们将数据治理的概念引入到企业管理领域,强调了数据治理在数据管理方面的重要性,引发了学术界对于数据治理的广泛关注。

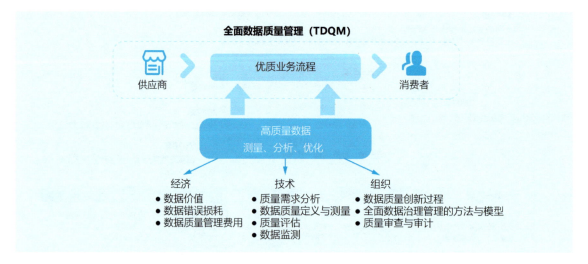

图4-7 全面数据质量管理(TDQM)

2. 第二阶段

21世纪初,数据治理进入到第二阶段,数据治理的概念逐渐得到更广泛的认知和推广,并在学术界和产业界得到更多的关注和研究,数据治理的方法和实践逐渐成熟,被广泛应用于组织和企业的数据管理和决策过程中。与此同时,行业组织和标准化机构也开始关注数据治理,并发布了相关的指南和标准。如2005年,国际数据管理协会(DAMA)发布了《数据管理书》(Data Management Book of Knowledge,DMBOK),成为业界的权威参考指南,其内容涵盖了数据治理及相关领域的理论知识和最佳实践,为数据治理的推广和实践提供了重要的支持和指导。数据治理的方法和实践逐渐规范化,成为组织和企业数据管理和决策的重要手段,整个行业对数据治理的需求和认识也不断增强,为数据治理的深入发展奠定了坚实的基础。

3. 第三阶段

2010年前后,数据治理发展至第三阶段,数据治理在全球范围内逐渐被接受和采纳,相关理论和实践研究进一步深化，相关法规和指南相继出台，推动着数据治理的标准化和规范化进程，如图 4-8 所示。2017 年，国际数据管理协会发布了《数据管理书 2.0》，对第一版的知识体系进行了更新和扩充，融入了新需求与新技术，形成了 DMBOK 车轮体系；2018 年，欧盟正式实施了《通用数据保护条例》（GDPR），要求组织在处理个人数据时进行数据治理。我国的数据治理实践也在此阶段得到了空前的发展，开始探索符合中国国情的数据治理模型和框架。2015 年我国发布的《数据治理白皮书》将中国数据治理特色分为三个层面：体制层面、管理对象层面和技术平台层面；2018 年国家市场监督管理总局国家标准化管理委员会发布的《信息技术服务 治理 第 5 部分：数据治理规范》提出了数据治理的总则与框架，规定了数据治理的顶层设计、数据治理环境、数据治理领域及数据治理过程的要求。与此同时，组织和企业开始重视数据治理的实施，包括数据质量管理、元数据管理、数据安全和隐私保护等方面，以确保数据资产的可信度、可用性和合规性。

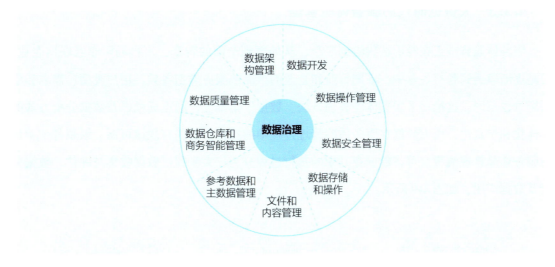

图 4-8　数据治理

4. 第四阶段

2020 年前后，数据治理逐渐从理论探索和实践推广转向了具体落地和持续创新，进入了发展的第四阶段——落地与转型。在此阶段,相关的政策、法律法规与指南等都更为关注数据治理的实践问题,凸显数据要素对于社会经济发展的重要作用。欧盟 2020 年出台的《数据治理法》致力于促进各部门和欧盟国家之间的数据共享,以便充分释放数据潜能,造福欧盟公民和企业,推动各经济区块高速持续发展,通过四大类举措促进数据共享系统的发展,实现透明治理。我国也深刻意识到了数据要素的重要地位,党的十九届四中全会首次将数据与劳动、资本、土地、知识、技术、管理等生产要素并列,明确了数据作为新型生产要素对经济社会发展的重要贡献。在落地与转型的同时,数据治理还在持续创新,组织和企业开始探索新的数据治理方法和技术,如人工智能、机器学习和区块链等,以提高数据治理的效率和质量,并为组织带来更多的商业价值。

在数据为王的信息时代之下,各行各业都离不开有效的数据治理,服务体验管理领域也不例外,只有及时获取用户大数据并进行有效的管理与分析,才能更好地洞悉用户需求,把握市场导向。

4.2.3　大数据时代的服务体验管理

服务体验管理正在经历从狭隘到广泛、从局部到全面的转变,不再局限于互联网企业,而是逐渐渗透到各行各业中。不同行业和企业的产品或服务类型各异,用户类型、需求和使用场景也不同,这推动了服务体验管理方法、数据采集维度、触点场景以及数据分析方式的多样化和丰富化,而大数据在服务体验管理过程中的执行步骤仍有规律可循。纵观各个领域的服务体验管理流程,可将数据在其中的执行过程分为三大步骤:数据收集与评估、数据分析及数据应用,如图 4-9 所示。

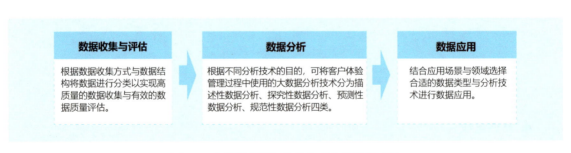

图 4-9　大数据在服务体验管理中的执行过程

1. 数据收集与评估

高质量的数据收集与评估是保证数据执行过程严谨、统一的关键。用户触点数据的收集方式主要有两种：用户主动反馈和组织主动收集（用户被动反馈）。用户主动反馈指的是用户自发寻求更优质的体验时会生产相应的数据内容（如投诉邮件、网络评论等）；组织主动收集（用户被动反馈）则是组织主动与客户进行互动并收集用户反馈（如进行客户满意度调查、入户访谈等）。组织所收集的用户大数据通常结构形式各异，因此为有效地进行数据筛选与评估，需要将所收集的数据进行合理分类。根据数据的结构，可将客户和组织在不同领域的互动和交流产生的数据分为高度结构化客户体验数据和高度非结构化客户体验数据两种。高度结构化客户体验数据是指可以进行量化的数据（例如销售数据、地理位置坐标和客户满意度调查的分数等），而高度非结构化客户体验数据是指那些难以进行量化的多媒体数据内容（例如客户反馈文本、声音采访和视频反馈等）。因此，结合数据的收集方式与数据结构分类，可将收集的数据分为四种类型，即结构化-组织主动收集数据、非结构化-组织主动收集数据、结构化-用户主动反馈数据、非结构化-用户主动反馈数据，并进行分类评估与筛选，如表 4-1 所示。

表 4-1 四种数据类型

数据类型	数据来源	优势	劣势
结构化-组织主动收集数据	客户满意度调查、推销员评分	容易获得且较为直观有效	实际应用的潜力较差
非结构化-组织主动收集数据	开放式问题、深度访谈	具有更高的应用潜力与价值	需要付出更多的时间和人力成本
结构化-用户主动反馈数据	用户在平台上对体验进行打分	数据来源众多	真实有效性需进一步评估
非结构化-用户主动反馈数据	电子邮件反馈、撰写的在线评论等	易获取、数量多	人力成本和技术成本高，易触及法律问题

结构化-组织主动收集数据是最普遍的数据类型，最为常见的收集方式是组织主动开展客户满意度调查或推销员评分等，该类型的数据容易获得且较为直观有效，但其实际应用的潜力较差，单纯的数字评分很难反映客户在体验过程中的实际诉求。结构化-组织主动收集数据的最大优势在于其收集和管理成本相对低，通常只需要付出较低的固定成本进行数据收

集，使用简单的单变量或多变量统计学对数据进行评估与分析。

非结构化-组织主动收集数据是组织通过在客户反馈中加入开放式问题或者对客户进行深度访谈后所得到的非结构化数据内容，这种数据相比单纯的评分标准而言具有多面性的特点，因而有着更高的应用潜力与价值。市场研究员需要对各类多媒体信息进行处理，将其中的数据转录为文本后对文本进行评估和分析，面对大规模的该种类型数据，样本收集和处理需要付出更多的时间和人力成本。

结构化-用户主动反馈数据是指用户经历体验后自愿提供的数据内容，最为常见的例子就是用户在平台上对体验进行打分，组织通过爬虫工具收集相关的 cookies 进行处理和分析各类平台上的评分。这种类型的数据来源众多，物联网中有大量该类型的数据待发掘和评估，例如商店的客流量、景区的拥挤程度等。

非结构化-用户主动反馈数据是目前在帮助优化服务体验方面最有发展潜力的数据类型。用户主动生产这种数据的方式非常多样，又可将非结构化-用户主动反馈数据细分为文本类数据、语音类数据和图像类数据。文本类数据来源于用户发送的电子邮件反馈、撰写的在线评论、发布的微博信息等；语音类数据通常来源于用户致电，直接向组织客服提出对产品或服务的意见与建议；图像类数据来自用户在各种社交媒体进行的图片或视频分享。组织可以轻而易举地获得大量该类型数据，但需要付出较高的人力成本和技术成本对这些数据进行组织和整合，同时还需特别关注是否牵扯到隐私保护方面的法律问题。

2. 数据分析

在数据分析阶段，根据不同的分析目的，可将服务体验管理过程中使用的大数据分析技术分为四类：描述性、探究性、预测性与规范性。描述性大数据分析用于回答"发生了什么？"类的问题。这类大数据分析包括一些有助于描述情况以供进行进一步分析的工具与方法，如通过图表形式可视化描述统计数据、利用词云提取关键词等。它们通过追踪用户与组织互动过程中的关键指标，帮助组织更好地了解客户体验的现状。探究性大数据分析用于回答"事情为什么会发生？"类的问题，帮助验证或否认业务方案或研究假设，确定因果关系，帮助识别影响结果的关键可变因素，典型的方法有统计推断技术（如实验设计、方差分析和非参数测试等）、因素分析（如主成分分析等），帮助组织诊断影响客户体验的原因。

预测性大数据分析用于回答"可能发生什么？"类的问题，包括一些帮助预测未来趋势与可能性的工具与方法，如预测模型、用于预测结果的分类模型、决策树和随机森林、神经网络等。它们为组织提供基于数据的可操作见解，帮助组织预知客户体验可能发生的情况。规范性大数据分析用于回答"应该发生什么或最好的行动与结果是什么？"类的问题，提供可量化的最优解决方案，如如何提高特定类型的绩效，或在何处增加预算可实现最大的绩效提升等，主要方法有优化模型、排队模型、有效边界方法与离散事件模拟等。它们通过量化未来决定的影响，预测事件的发生及发生原因，在实际做出决定之前就可能的结果提出建议，帮助企业更好地评估提升客户体验的途径与方法。

3. 数据应用

组织和企业收集、分析大数据的最终目的是应用，希望通过数据实现更深层的市场洞察与更深入的用户行为研究，以优化其产品或服务，从而提升客户满意度、品牌口碑及市场竞争力。因此，在实际应用过程中需要具体问题具体分析，结合应用场景与领域选择合适的数据类型与分析技术进行数据应用。

在酒店管理业中，最核心的信息是酒店客人的入住体验和满意度，需要通过收集相关数据解构客人在酒店的入住体验过程，考察其与满意度的关联，以提升酒店管理水平。酒店满意度可以视作酒店客人在酒店各个服务领域互动后的综合评价。利用大数据和相关分析方法可以更好地理解客人在与酒店互动过程中的复杂体验与感受，帮助评估客户满意度。在酒店领域常见的数据类型为客人在各大网站和手机 App 上的评分和评论，这些数据会作为其他消费者制定旅行计划时的主要参考来源，有着很大的影响力。结构化-用户主动反馈数据（评分）和非结构化-用户主动反馈数据（文本评论）是酒店管理业中最核心且常见的数据类型，在实际应用过程中需要特别关注这两种数据的收集，并对它们进行分类分析。对于评分数据，通常采用探究性大数据分析方法，利用统计分析的相关算法，构建各项目之间的评分和酒店服务总体的评分折线图，从中寻找酒店中各个项目的提升空间和优化顺序；对于文本数据，通常采用描述性大数据分析技术，对顾客评论进行筛选与关键词提取，获取客户体验的主要方面及相关评价关键词，建立可视化词云，更为直观地把握吸引顾客的核心要素。

在通信服务业中，传统的竞争差异化方式是通过改善用户的整体体验及提高技术水平来提升客户留存率，然而随着光纤和6G时代的来临，曾经的竞争差异化领域（如更快的带宽和独特的设备）已基本消失。因此，通信服务业需要重新对客户进行洞察，找到新的需求点并制定相应的解决方案。通信服务商拥有数据方面的天然优势，掌握着大量网络用户数据，其核心是如何有效利用这些数据提高服务体验，获取竞争优势。传统通信服务商的客户数据分散于不同的部门之中，而这些部门相互独立，缺乏有效的数据共享手段与平台，难以将各部门的数据进行整合。因此，对通信服务业而言，最为重要的就是建立预测性和规范性大数据分析体系，用于检测用户需求并制定最为有效的解决方案。例如，如何更快发现并解决用户遭遇的网络故障，如何更快发现并减少网络波动以及怎样提高售后服务质量等。

综上所述，数据的执行过程在服务体验管理中起着关键的作用。从数据采集到数据分析，再到决策和实施，通过不断的反馈和迭代，数据的执行过程可帮助企业优化服务体验，提升用户满意度，并实现业务目标。

4.2.4 服务体验管理面临的数据挑战

大数据具有体量大、速度快、种类多的特点，即数据体量庞大，数据生产与传输的速度不断加快，数据类型高度多样，如图 4-10 所示。传统的数据处理与分析方法已经难以应对如此庞大与复杂的大数据，服务体验管理需要结合新技术，以应对势不可挡的大数据浪潮。

图 4-10 大数据的特点

面对庞大的数据体量，可引入新的数据管理技术，例如 Apache Hadoop、NoSQL 数据库和下一代面向列的数据仓库等。Hadoop 和 NoSQL 技术通过添加多个并行处理大型数据集的服务器集群（水平扩展性）来实现可扩展性。面向列的数据仓库通过在关系数据库中按列组织数据，而非按行组织数据，来实现可扩展性，使列集有限的多行聚合计算更加高效，允许多个硬盘驱动器并行访问数据，而非单个驱动器按顺序访问数据。

面对大数据速度快的挑战，首先需要快速储存不断生成的用户数据，上述数据管理技术都有自己的储存机制，通过并行结构实现海量数据的快速存储。同时还需要对这些数据进行快速处理，如 Apache Cassandra 技术可实现数据实时访问，且在处理单个客户数据方面非常高效；流分析技术可实现即时数据处理，通过检测预设条件实时触发操作，而无须长期储存用户数据。

面对种类繁多的数据结构，可结合使用多种技术处理数据以充分发挥技术优势，例如 Apache Hadoop 可用于存储和处理大量结构化、半结构化和非结构化数据；特定领域的高级分析算法可以帮助理解各种数据并分析高度多样化的数据之间的相关性，如对非结构化的呼叫中心交易记录的文本和语音进行情感分析，可以深入了解客户的体验。

4.3 构筑服务体验新基建

大数据时代的到来为服务体验管理带来了巨大的机遇和挑战。随着信息和数据的爆炸性增长，企业可以更深入地了解用户需求、行为模式和反馈意见。然而，想要处理如此大量、复杂的数据和信息，仍面临众多挑战，构筑服务体验新基建刻不容缓。

4.3.1 新基建与服务体验新基建

新基建（New Infrastructure）是指在信息化、数字化、智能化等技术驱动下，建设和发展一系列基础设施项目和生态系统，以满足现代社会的经济和社会需求。新基建的核心特点是以先进的信息技术为支撑，包括人工智能、大数据、云计算、5G 通信等，推动城市化、工业化和数字化的协同发展。这一概念强调了数字化和智能化技术在基础设施建设和管理中的应用，以提高效率、降低成本、提升生活质量，包括数字基础设施、智能交通、智慧城市、数字医疗、可再生能源等领域。

而服务体验新基建（Experience New Infrastructure）是在新基建理念基础上更加强调服务体验的一种延伸，更加强调在新基建的基础上，将服务体验放在更为突出的位置。它以改善人们的生活体验为核心目标，通过数字技术、智能化手段为基础设施和生态系统的建设增加体验的维度，包括便捷性、舒适性、个性化等方面。

目前服务体验新基建主要包括数字化基础设施（数字化的通信网络、数据中心、云计算平台等，支持各种数字化服务和应用的部署）、智能城市和建筑（利用物联网技术，实现城市和建筑的智能化管理和运营，包括智能交通、智能停车、智能家居等）、数字医疗和健康（通过远程医疗、健康监测等技术，提供更便捷的医疗和健康管理服务）、教育科技（利用在线教育、远程学习等技术，改善教育体验，使教育更加普及和个性化）、智能交通和物流（通过智能交通管理和物流优化，提高交通效率，减少拥堵和污染）、数字化金融（通过数字货币、区块链等技术，改进金融服务，提高金融体验）、智能制造（通过工业互联网和自动化技术，提高生产效率和质量）、绿色能源（采用可再生能源和智能能源管理，降低能源消耗和环境影响）等方面的建设。

服务体验新基建的目标是通过数字化和智能化手段，提高社会生产力、改善生活质量、减少资源浪费和环境污染。这个概念在国内已经引起广泛关注，各种项目和政策都在积极推动体验新基建的发展。2022 年 6 月，国务院正式印发《关于加强数字政府建设的指导意见》，各地政府也在探索提升政务公开体验的方式。例如杭州市上城区大力夯实专区建设，拓展渠道功能，集聚服务资源，融合公开平台，具体表现在设立政府信息公开查阅点，整合上城门户网站、上城报以及街道政务微博、微信公众号等，组建政务新媒体矩阵，通过多个终端集中展示，形成内容齐全、功能完善的政务信息服务体系。又如山东临沂市临沭县探索数字化政府公报建设：一是健全机制，不断提升政府公报"规范化"；二是搭建平台，积极推进政府公报"数字化"，健全完善政府公报数据库建设，借助政府门户网站搭建"政府公报"专栏；三是对接移动终端，努力实现数据"互联互通"。为切实保障人民群众的知情权和监督权，还积极探索实现政府公报数据对接移动终端，进一步推进政府公报电子化和数据化建设进程。

4.3.2 服务体验新基建是新时代体验持续造浪的核心动力

随着科技的迅猛发展，用户对于产品和服务的期望在不断增加。他们希望获得更加个性化、便捷、高效的体验，不仅要求解决基本需求，还希望感受到创新和愉悦。新时代的基础设施不再局限于传统的交通、能源和通信领域，还扩展到了云计算、大数据、人工智能、物联网等数字领域。服务体验新基建在当今数字化、信息化和智能化的时代背景下，为改善服务体验、满足不断变化的需求和推动创新提供了强大的支持平台，是新时代体验持续造浪的核心动力。

服务体验新基建反映了新时代服务体验的外延要求，要求企业从产品本身延伸至整个用户旅程，关注每一个与用户接触的点，包括认知、了解、获取、使用、反馈等各个环节。这种全面性的体验观念要求企业将服务体验纳入整个运营体系，不再局限于产品本身，而是将服务作为关键因素。服务体验新基建为企业提供了实现这一目标的数字化、智能化工具和平台，使得企业能够更好地利用数据来了解用户行为、需求和反馈。通过数据分析，企业可以更深入地洞察用户行为的模式、趋势和关联性，从而更好地满足用户的需求，提供个性化的服务，提高用户忠诚度。在深入分析服务体验数据的基础上，企业也可以更好地了解市场趋势，把握新兴机会，制定创新策略，实现可持续发展。

另外，服务体验新基建可以用于提升政府、医院、高校等的服务质量和效率。一方面，可以借助数字化、智能化手段来优化其运营和管理，更加高效地满足市民的需求，提供更便捷的公共服务。另一方面，通过数据分析可以深入洞察社会问题和热点，更好地了解民众的需求和反馈，为其决策提供科学依据。在建设智慧城市、推动政府数字化转型、提升城市管理水平等方面，都离不开服务体验新基建的作用。

国家也正积极推动服务体验新基建的发展，例如在交通领域，根据《交通运输领域新型基础设施建设行动方案（2021—2025年）》，到2025年，打造一批交通新基建重点工程，形成一批可复制推广的应用场景，在机场、高铁等大型客运枢纽实施便民化设施改造和智能化设施建设；加强对枢纽的客流、车流、环境等信息智能化动态监测，推动智能化运力组织调度和旅客疏导；提升恶劣天气下高速公路的出行效率和出行安全服务水平；便利老年人打车出行，持续提升交通运输行业适老化服务水平。在医疗领域，《健康中国行动（2019—2030年）》明确提到利用互联网技术对健康状态进行监测、推动"互联网+精准健康科普"、支持开展"互联网+老年健康服务"。例如：浙江大学医学院附属第二医院联合阿里健康在全院逐步上线"刷脸就医"功能，为患者提供便捷的线上诊疗全流程服务；北京协和医院持续改进预约挂号服务，通过不断探索和完善，医院建立了一套多途径、易操作、人性化的预约挂号诊疗服务体系，做到患者线上线下都能挂号；"药师小乔"智能机器人成功研发，具备完善的药学服务体系，几乎能够实现人类执业药师的全部功能，其水平相当于一个拥有10年经验的药师，可以作为执业药师助手，帮助患者有效用药、安全用药，缓解我国执业药师紧缺的压力，保障广大人民群众用药安全。在教育领域，教育部、中央网信办、国家发展改革委、工业和信息化部、财政部、中国人民银行共六个部门发布了《关于推进教育新型基础设施建设构建高质量教育支撑体系的指导意见》，提出要以信息化为主导，面向教育高质量发展需要，聚焦信息网络、平台体系、数字资源、智慧校园、创新应用、可信安全等方面的新型基础设施体系。陕西建成"互联网+文物教育平台"线下体验中心，它打造了集公众教育、数字展示、文物欣赏、交流互动为一体的文博数字互动体验空间，利用互联网和多媒体等信息技术，通过动漫、游戏、互动魔墙、VR/AR等多种形式，给观众提供文物全息欣赏、虚拟触摸和沉浸式体验，让观众可以直观感知文物的历史、艺术和科学价值。

服务体验新基建作为新时代的核心动力，通过数字化技术进行数据洞察，为满足不断升级的用户期望、提高竞争力和促进社会发展提供了有力的支持。它将持续推动体验的不断改进和创新，为用户、企业和社会带来更多的机遇和福祉。在新时代，服务体验新基建将继续造浪，成为持续进步和发展的关键推动力。

4.3.3　四大特性助力构筑体验新基建

可获取、可量化、可经营和可落实（Accessible, Measurable, Manageable and Implementable，AMMI）是助力构筑服务体验新基建的四大关键特性，它们共同为体验管理提供了科学、可操作、可持续的框架和工具，如图4-11所示。

1. 可获取（Accessible）

"可获取"代表了企业或组织在数字化时代所拥有的数据丰富性。"可获取"不仅是数据的获取，更是对用户的深入了解。通过各种数字渠道和设备，企业能够收集来自用户的大量信息。主观数据直接反映了用户的情感和看法，源于用户的自发反馈，可以通过调查、评价、评论等方式获取。而客观数据则是从数字化工具和平台中自动捕捉的，它们不需要用户的主动参与，包括网站浏览、应用软件使用数据、传感器数据等。

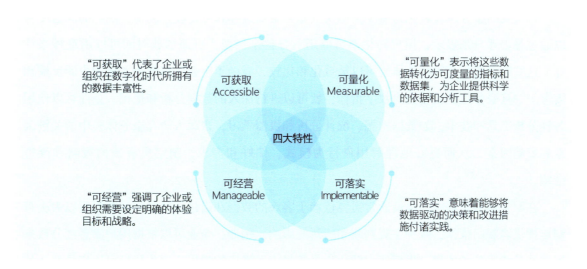

图 4-11 四大特性助力构筑服务体验新基建

在数字化时代,用户的互动不再局限于传统的沟通方式,而是通过多样化的数字平台和设备进行。这种数字化转型为可获取性提供了更多机会,使企业能够捕捉到更多维度的用户数据。企业可以通过主观数据了解用户的满意、期望和不满之处,而客观数据则允许企业跟踪用户的行为路径、点击热点和交互偏好,例如用户在移动应用中的点击行为、在社交媒体上的互动、在智能设备上的使用习惯等。这些数据的丰富性使企业能够更全面地理解用户的心声,无论是通过文字、数字还是行动表达的。这也为识别服务体验中的问题和机会提供了强大的工具。

这一特性为企业提供了宝贵的信息资产,可以指导它们制定更有针对性的策略,改进产品和服务,实现服务体验的不断提升。在竞争激烈的市场中,充分利用可获取的数据将成为企业获取竞争优势的关键。

2. 可量化(Measurable)

"可量化"表示将这些数据转化为可度量的指标和数据集,为企业提供科学的依据和分析工具。服务体验本身通常具有主观性和抽象性,难以直接衡量和比较。"可量化"是服务体验管理中不可或缺的特性,它将主观的服务体验转化为客观的数字指标,为企业提供更清晰、更具可比性和可分析性的数据基础。

将主观的服务体验转化为数字指标使其变得更加具体和可比较。例如，用户的满意度可以通过量表评分来表示，用户转化率可以用百分比来衡量，页面加载时间可以用毫秒来计算。这些数字指标使得服务体验可以被量化和比较，有助于企业更清晰地了解用户的反馈和需求。一旦服务体验被转化为数字指标，就可以进行深入的数据分析和挖掘。企业可以使用各种分析工具和技术，如数据挖掘、统计分析和机器学习，来深入研究服务体验中的关键因素和影响因素，从而更好地理解用户行为模式、偏好和需求，制定更有效的策略和改进措施。

在服务体验管理中，决策通常需要依赖于客观的数据和指标。可量化的数据可以为决策制定提供客观的依据，减少主观判断和猜测的影响。例如，企业可以根据用户满意度分数来评估产品或服务的质量，根据用户转化率来衡量市场推广的效果。这些指标可以指导企业的决策，使其更有针对性和科学性。通过不断地收集、分析和监控可量化的数据，企业可以及时发现问题和机会，迅速采取行动进行改进。例如，如果用户满意度下降，企业可以分析原因并制定改进计划。如果页面加载时间增加，可以优化网站性能。可量化的数据使服务体验管理变得更加迅速和敏捷。

3. 可经营（Manageable）

"可经营"强调了企业或组织需要设定明确的体验目标和战略，以提高用户满意度、确保服务体验管理成为一个可经营、可持续的过程。这一特性包含了多个重要方面，如策略制定、计划执行、效果监控以及资源管理等，它们共同构成了服务体验管理的运作框架。

可经营性要求企业或组织在服务体验管理中明确制定策略和目标，如提高用户满意度、增加用户忠诚度、提高市场份额等。这些目标需要与业务战略相一致，有助于确保服务体验的改进，对于业务的长期成功至关重要。制定策略还包括了分析市场竞争环境、识别关键机会和挑战，以及确定实施策略的方法和步骤。一旦制定了服务体验的策略和目标，企业需要制定详细的计划，包括资源分配、时间表、责任分工等。执行计划还需要协调不同部门和团队之间的合作，确保各项工作有序推进。此外，企业还需要建立有效的监控和反馈机制，及时发现问题并采取纠正措施。

另外，企业需要建立监控系统来跟踪服务体验的各项指标，这可以帮助企业了解服务体验的实际表现，及时发现问题和机会，评估策略的有效性。通过定期的数据分析和绩效评估，企业可以进行持续的改进，不断提升服务体验的质量和价值。企业需要合理分配人力、财力和技术资源，以支持服务体验管理的实施，此外跨部门的协作也至关重要，因为服务体验通常涉及多个部门和职能，需要协同合作来实现整体目标。

4. 可落实（Implementable）

"可落实"意味着能够将数据驱动的决策和改进措施付诸实践，包括采取具体的行动来优化服务体验，解决体验中的问题，并确保改进措施能够有效地落地等。通过可落实性，企业能够将理论和策略转化为实际的改善，提高用户满意度，增加业务价值，推动体验新基建的成功实施。这一特性为企业提供了将理论和策略转化为实际改进的方法和框架，有助于推动服务体验的不断优化和提升。

在服务体验管理中，数据分析和洞察只是第一步，真正的价值在于将这些洞察转化为具体的改进措施，包括产品设计的修改、服务流程的优化、客户支持的改进等。用户反馈和数据分析通常会揭示出一些问题和挑战。企业需要具备解决问题的能力，快速采取措施来应对这些问题，避免不良体验对用户满意度的负面影响。通过将数据分析与实际行动相结合，企业可以更好地解决用户体验中的问题，提升服务质量。

即使制定了优秀的改进策略，如果无法实际执行，那么这些策略也将失去意义。企业需要建立明确的责任分工和执行计划，确保改进措施能够按计划顺利推进。同时，需要建立有效的监控和反馈机制，以确保改进措施的执行情况得到跟踪和评估，并及时进行调整和优化。改进服务体验通常涉及多个部门和团队的合作，企业需要建立有效的沟通渠道，促进部门之间的信息共享和协同合作。跨部门协作可以确保改进措施能够全面考虑各个方面的需求和影响，从而提高实施的成功率。

这四个特性相互协同，共同构成了体验新基建的基础，帮助企业和组织更好地理解、衡量、管理和改进服务体验，从而推动体验新基建的建设，实现可持续发展。

第5章

服务体验管理指标体系:AI 时代度量的奥秘

在 AI 时代,企业可以利用先进的自然语言处理、机器学习和数据挖掘技术,从多个维度和角度来度量和评估服务体验。服务体验管理指标体系可以包括客户行为分析、情感分析、个性化推荐、语义理解等多个方面。通过建立一个完整的服务体验管理指标体系,企业可以更好地把握和洞察客户需求,提供更具个性化、情感化和智能化的服务体验。

5.1 数据驱动的服务体验管理指标体系构建与采集

在当今竞争激烈的商业环境中，服务体验管理已经成为企业成功的关键要素之一。服务体验指标体系作为服务体验管理的核心组成部分，被广泛应用于企业度量、监测和改进用户在与产品、服务或品牌互动时的感受和满意度。数据驱动的服务体验指标体系构建与采集指的是基于用户数据和反馈信息构建一套全面的关键绩效指标（KPIs），以客观和定量的方式衡量和评估服务体验的各个方面。这个过程强调了数据在服务体验管理中的关键作用，以确保决策和改进是有据可依的，同时也可以帮助企业更好地满足用户期望和提升品牌价值。

5.1.1 服务体验管理指标体系

在服务体验管理中，指标体系是一种系统化的框架，用于衡量和评估用户在与企业或组织互动过程中的体验质量，通常由一系列定量和定性的指标组成。服务体验管理指标体系的研究是用户体验领域的重要组成部分，它旨在帮助企业更好地理解、测量和改进用户在与产品、服务或品牌互动时的感受和满意度。

在互联网时代，用户数据的收集变得多样且庞大，数据清洗和筛选变得越来越复杂。此外，服务体验受到主观因素的影响，因此评估和度量服务体验变得越来越困难。在过去的几十年里，学术界对体验指标体系进行了广泛的研究和探讨，形成了一系列经典的理论框架和模型，如表 5-1 所示。

表 5-1 体验指标体系模型

	谷歌 GSM	谷歌 PULSE	谷歌 HEART	支付宝 PTECH	阿里云 UES	1688 五度
目标（Goal）		页面浏览量（Page View）	愉悦感（Happiness）	性能体验（Performance）	易用性（Ease of use）	吸引度（Attractiveness）
信号（Signal）		运行时间（Uptime）	参与度（Engagement）	任务体验（Task Success）	一致性（Consistency）	完成度（Completeness）
指标（Metric）		延迟（Latency）	接受度（Adoption）	参与度（Engagement）	满意度（Happiness）	满意度（Satisfaction）
		七日用户活跃（Seven days active user）	留存率（Retention）	清晰度（Clarity）	任务效率（Task Success）	忠诚度（Loyalty）
		收益（Earning）	任务完成率（Task Success）	满意度（Happiness）	体验性能（Performance）	推荐度（Recommendation）

(1) 谷歌 GSM 模型

GSM 模型代表了目标（Goal）、信号（Signal）和指标（Metric）三个关键要素。首先明确产品或功能的目标，然后定义转化的信号，最后建立适用的指标。

(2) 谷歌 PULSE 模型

该模型是一个传统的网页体验度量模型，用于评估网站的整体表现。该模型结合了商业指标和技术指标，涵盖了以下五个维度：页面浏览量（Page View）、运行时间（Uptime）、延迟（Latency）、七日用户活跃（Seven days active user）、收益（Earning）。通过使用 PULSE 模型，可以全面评估网站的绩效和用户体验，帮助企业了解网站的运营情况、技术稳定性以及商业收益情况，并采取相应的措施改进和优化用户体验。

(3) 谷歌 HEART 模型

为了解决如何确定目标以及相应的信号和指标的问题，谷歌的用户体验师克里·罗登（Kerry Rodden）等人提出了以用户为中心的度量体系，即"HEART"框架，包括愉悦感（Happiness）、参与度（Engagement）、接受度（Adoption）、留存率（Retention）和任务完成率（Task Success）。HEART 模型的出发点是做以用户为中心、能够大范围应用的用户体验度量方法。

(4) 支付宝 PTECH 模型

支付宝 UED 团队提供以用户为中心的 UBA（用户行为分析）+ APM（应用性能监测）闭环下的体验洞察，让产品体验可量化、可优化、可监控。PTECH 是基于 HEART 模型来构建的，但是也基于蚂蚁企业级产品现状与特征做出了优化，包括性能体验（Performance）、任务体验（Task Success）、参与度（Engagement）、清晰度（Clarity）和满意度（Happiness）。

(5) 阿里云 UES 模型

UES（User Experience System）是阿里云设计中心在多年的设计实践中积累的云产品使用体验度量系统。该系统旨在实现阿里云平台产品设计体验的一致性，并随后发展出了对"易用性""任务效率"、产品的"满意度"以及技术的"性能"等方面的度量。阿里云的体验度量模型在设计、产品和技术团队中得到了广泛认可，并在实际应用中得到了落地。UES 不仅仅是一套方法论，还是一个可操作的体系。目前，UES 模型已经实现产品化，并在集团内的其他业务组中得到了应用。

（6）1688 五度模型

五度模型是阿里巴巴 1688UED 团队基于谷歌的 HEART 模型并结合国内互联网的特点以及多年的设计经验总结而来。该模型按照用户在产品整个生命周期中的行为和态度，以及当前和未来的情况进行组织。五度模型包括吸引度（Attractiveness）、完成度（Completeness）、满意度（Satisfaction）、忠诚度（Loyalty）和推荐度（Recommendation），通过五度模型，团队可以全面评估产品在吸引度、完成度、满意度、忠诚度和推荐度等方面的表现，从而指导产品的改进和优化，以提供更好的用户体验和增强用户的参与和忠诚度。

服务体验管理指标体系的目标是帮助企业或组织全面了解用户体验，发现问题和机会，并采取相应的行动来不断改进体验质量。这些指标可以在不同层面和阶段进行监测和分析，从而支持持续的服务体验管理和优化。将体验评价指标体系拆解，我们可以发现目前较为常用的体验指标包括以下几个方面。

1）用户满意度：衡量用户对产品或服务的满意程度，通常通过定期的调查或反馈收集数据。

2）用户忠诚度：衡量用户愿意再次购买或继续使用产品或服务的意愿，以及他们是否愿意向其他人推荐。

3）用户反应时间：衡量用户在与企业互动时的响应时间，包括等待时间、加载时间等。

4）用户流失率：衡量用户停止使用产品或服务的比率。

5）用户转化率：衡量用户从潜在客户变为实际客户的比率。

6）用户界面友好性：衡量产品或服务的界面是否易于使用，是否容易理解和导航。

7）问题解决时间：衡量用户提出问题或投诉后，企业或组织解决问题所需的时间。

8）客户支持质量：衡量客户支持团队的服务质量，包括响应速度、问题解决率等。

9）用户反馈和投诉：收集和分析用户的反馈和投诉来改进体验。

10）用户体验设计评估：对产品或服务的用户界面和交互进行评估，以确保其符合最佳实践和用户期望。

服务体验管理指标体系的研究逐渐从传统的单一维度扩展到多维度和个性化，这种趋势意味着不同用户可能对体验有不同的需求和期望,因此需要更具弹性和适应性的服务体验指标。另外,随着大数据和高级分析技术的发展,学术界和企业现在能够更有效地使用数据来监测和评估服务体验,数据驱动决策的方法有助于企业更好地了解用户需求、问题和机会,并制定相应的战略和行动计划。服务体验指标体系也已成为许多组织提高竞争力的关键工具。越来越多的企业认识到服务体验的重要性,将其纳入组织文化和管理实践中。这种趋势推动了服务体验管理的发展,包括数据收集、分析工具的不断创新,以及用户反馈渠道的多样化等。

5.1.2 顶层设计,建立分级作战地图

数据驱动的体验指标体系的落实首先需要企业管理层将其提升到战略高度上进行顶层设计。具体来讲,管理人员要在整个组织或企业层面上,制定和规划服务体验的策略和目标,构建基于核心数据指标的从上至下的分层级作战地图,统一部署促进各层级间的运营协作。为了确保有效的执行和实施,在这个过程中,不同层级的管理层、业务层和执行层承担不同的角色和工作,如图 5-1 所示。

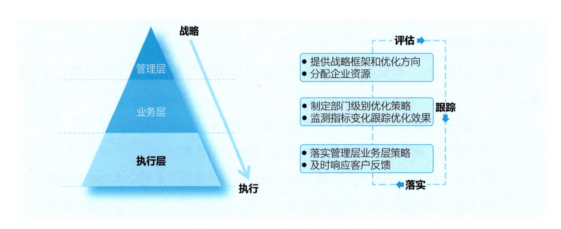

图 5-1 自上而下建立分级作战地图

(1)管理层(如 CEO 和高级领导团队)

企业管理层需要明确服务体验指标体系的重要性,并对其价值和潜在好处有清晰的认识。他们应该理解数据驱动的服务体验指标体系可以帮助企业更好地了解用户需求、提升用

户满意度，并最终实现业务目标。管理层需要支持并推动这项战略，将其纳入企业的愿景和目标中。他们的主要任务是识别市场趋势、制定战略和愿景、明确服务体验的优先级。他们需要确保服务体验与企业的核心价值观和长期目标保持一致。高层管理层还负责分配资源，支持服务体验改进的项目，推动体验优化及创新活动的落实。

（2）业务层（如部门经理和业务领导）

业务层负责将高层的战略目标转化为具体的行动计划，并制定部门级别的服务体验策略。首先，业务层需要分析和理解高层的愿景，并将其细化为可衡量和可执行的目标。通过与各部门合作，业务层可以制定具体的服务体验策略和行动计划，明确各部门的职责和贡献。其次，业务层需要建立有效的沟通渠道和跨部门的协作机制，促进各部门之间的合作，实现整体的服务体验一致性和协同效应。此外，业务层还需要建立并监测关键绩效指标（KPIs），通过指标的变化来跟踪服务体验的表现。他们应该选择合适的指标来衡量和评估服务体验的关键方面，确保指标与高层战略目标和用户需求保持一致，监测指标的变化趋势，并及时向管理层报告出现的问题和发展机会。

（3）执行层（如客户服务团队）

执行层在服务体验改进中扮演着至关重要的角色。他们是服务体验策略的实际执行者，包括客户服务团队、前线员工和各个业务部门的基层工作人员等。他们的职责是按照高层管理层和业务层的指导，积极地实施服务体验策略，包括提供高质量的客户支持、确保产品和服务的可靠性、积极响应客户反馈、解决问题和持续改进工作流程等。执行层直接接触客户，负责提供产品和服务，对于服务体验的质量和效果起着决定性的影响。因此执行层需要与客户建立良好的关系，保持专业和友好的态度，处理客户的投诉和疑虑，并寻求建立长期的合作关系。

这三个层级的工作相辅相成，都发挥着极为重要的作用，共同推动着服务体验的管理和改进。管理层提供了服务体验管理的战略框架和方向，确立了目标和指导原则，为业务层和执行层提供了明确的方向；业务层是将管理层的战略目标转化为具体行动的桥梁，将高层战略转化为可操作的行动计划，制定部门级别的服务体验策略，并协调各部门之间的合作，确保了战略的有效实施；执行层负责直接与顾客互动，帮助企业管理层监测关键指标的表现情况，评估服务体验的质量，识别问题和机会，为管理层和业务层进行顶层设计提供了实时的宝贵的数据支持和实时反馈。

不同层级的管理层、业务层和执行层在服务体验管理中各司其职，共同合作。他们相互依赖，形成了一个闭环的反馈系统，这种协同工作使企业能够快速适应客户需求的变化，并不断改进和提升服务体验。只有当每个层级充分发挥其作用并紧密合作时，企业才能在竞争激烈的市场中脱颖而出，实现可持续增长。

5.1.3 自下而上，挖掘核心数据指标

在服务体验管理中，建立指标体系是一个复杂而关键的过程，为了确保指标的全面性和有效性，需要按照执行层、业务层、管理层、战略层的顺序自下而上建设，如图 5-2 所示。

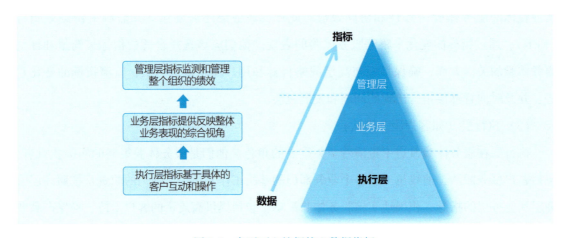

图 5-2　自下而上挖掘核心数据指标

1. 执行层指标

执行层是组织中的底层，在这一层次，需要建立基础指标，这些指标通常是与具体的客户互动和操作相关的，如响应时间、问题解决速度、服务质量等。其中，响应时间衡量了组织对客户请求或问题的反应速度，较短的响应时间通常意味着组织具有高效的客户服务能力，能够迅速回复电子邮件、接听电话或处理在线聊天等；问题解决速度评估了组织解决客户问题或投诉的速度，包括解决技术故障所需的时间、处理客户投诉的周期或解决客户查询的平均时间等；服务质量通过客户的评价或反馈来评估组织提供的服务水平，可以使用客户

满意度调查或定性反馈来衡量服务质量的方面，如专业性、友好性和准确性。

这些基础指标可以通过客户行为数据、运营数据和业务系统数据来收集和分析。客户行为数据可以包括客户交互记录、服务请求日志等；运营数据可以包括响应时间统计、问题解决速度报告等；业务系统数据可以包括服务质量评价数据、客户反馈等。通过监测和管理这些指标，组织可以及时发现问题、改进服务，为后续的业务层、管理层和战略层指标的建立提供基础。

2. 业务层指标

在执行层指标的基础上，需要建立业务层指标。业务层指标提供了更综合的视角，涵盖了反映整体业务表现的多个方面，例如户满意度、客户忠诚度和客户终身价值等指标等。其中，客户满意度反映了客户对组织提供的产品或服务的整体满意程度，通常通过定期的调研数据收集和分析来获得，可以通过问卷调查、客户反馈和客户评级等方式进行评估；客户忠诚度衡量了客户对组织的忠诚程度和持续购买意愿，可以通过客户再购买率、客户续约率和客户推荐行为等指标进行评估；客户终身价值评估了客户在其整个购买生命周期内对组织的经济价值，可以通过综合运营数据和客户行为数据来计算，包括客户的购买频率、平均订单价值和客户的购买周期等。

这些业务层指标需要调研数据、客户反馈和综合运营数据的支持。调研数据可以通过定期的市场调研和客户满意度调查来获得；客户反馈可以通过定期的客户反馈收集和分析来获取；而综合运营数据可以通过运营系统和数据分析工具来收集和分析。通过综合考虑这些指标，组织可以全面评估自身的业务表现，并采取相应的措施来改进客户体验和提升业务成果。

3. 管理层指标

除了执行层指标和业务层指标外，管理层指标也起到关键的作用。建立管理层指标是为了监测和管理整个组织的绩效，这些指标直接关联到组织的战略目标，如市场份额、收入增长率和成本效益等。其中，市场份额衡量了组织在特定市场或行业中的销售额占比，市场份额的增长可以体现组织的市场竞争力和增长潜力；收入增长率反映了组织在一定时期内的收入增长速度，收入增长率的提高可以表明组织的销售能力和市场需求的增长；成本效益评估了组织在提供产品或服务时所产生的成本与其所带来的效益之间的关系，包括单位产品成本、投资回报率和利润率等。管理层指标提供了对业务的整体健康状况的洞察，有助于指导管理层的决策和资源分配。例如，通过监测市场份额，管理层可以了解组织在行业中的地位，并制定相应的市场拓展策略；通过分析收入增长率，可以评估组织的市场表现，并制定增长策略和销售目标；通过监测成本效益，可以优化资源利用，降低成本，提高盈利能力。

管理层指标直接关联到组织的战略目标和长期发展计划，需要借助市场调研数据、财务报表和内部运营数据的支持来进行跟踪和分析。市场调研数据提供了市场趋势和竞争情报，财务报表提供了财务表现的数据，而内部运营数据可以提供关于销售、生产和运营的相关信息。通过综合考虑这些指标和数据，管理层可以评估组织的绩效状况，制定战略决策，并进行资源分配和优化。

4. 战略层指标

在服务体验管理中，最高层次的指标是战略层指标，它们直接与组织的战略目标和愿景相关。战略层指标涵盖了整个市场和竞争环境的因素，如市场份额增长目标、新客户获取率和产品创新率等。这些指标对于制定长期战略和业务规划至关重要。其中，市场份额定义了组织在特定市场或行业中希望达到的市场份额水平；新客户获取率衡量了组织获得新客户的速度和效率；产品创新率衡量了组织在产品研发和创新方面的能力和效果。

这些战略层指标与组织的长期战略和业务规划密切相关。它们需要结合市场趋势、竞争分析和内部资源的评估来进行设定和跟踪。市场趋势和竞争分析提供了对市场环境和竞争对手的了解，而内部资源评估可以帮助确定组织在战略目标实现过程中所需的资源和能力。通过细化和设定这些战略层指标，管理层可以将组织的战略目标转化为具体的指标和行动计划。这些指标不仅能够指导组织的长期发展方向，还能够帮助管理层评估战略的有效性，并及时调整和优化战略执行。战略层指标为组织提供了一个全面的战略框架，确保组织在市场竞争中保持竞争力并实现长期成功。通过设定具体的市场份额增长目标、新客户获取率目标和产品创新率高目标，组织可以明确战略方向并制定相应的市场拓展策略、市场推广销售策略和产品研发设计策略，不断推出具有竞争优势的新产品，以满足市场需求并保持竞争力。

这种自下而上的建立指标体系的方法确保了指标的一致性和连贯性。每个层次的指标都建立在底层指标的基础上，反映了更高级别的业务目标。这种层次结构使得指标之间存在明确的关联和依赖关系，确保了整个指标体系的连贯性和协调性。同时，这种方法还有助于确保指标的可量化性和可操作性。每个层次的指标都应该能够通过具体的数据收集和分析来衡量和管理。这意味着指标必须基于可靠的数据来源，并且能够通过量化的方式进行度量。通过确保指标的可量化性，管理层可以更准确地评估组织的绩效，并基于数据进行决策和优化。

在实施这种自下而上的指标体系时，有两个关键方面需要考虑。首先，数据要及时向上汇总及确认。从底层指标到高层指标，数据应该能够在不同层次间进行汇总和整合，以确保准确性和一致性。这需要建立有效的数据收集和报告机制，并确保数据的准确性和及时性。其次，指标维度要层层下钻。管理层需要能够深入了解每个层次指标的细节，并分析其背后的驱动因素。通过这种分析，管理层可以发现潜在的问题和机会，并采取相应的措施来改进绩效和实现目标。

5.1.4 体验旅程与用户画像，端到端的数据洞察

体验旅程和用户画像是实现端到端的数据洞察的关键概念和方法，它们相互关联，为组织提供深入了解用户需求和行为的细节，从而帮助优化产品、服务和业务流程。

1. 体验旅程

体验旅程是指用户在与组织互动的整个过程中所经历的各个阶段和接触点。它涵盖了从用户意识到购买、使用和售后支持等各个环节。通过细致地描绘和分析用户的体验旅程，组织可以更好地理解用户在不同阶段的需求、期望和痛点。

1）意识阶段：顾客开始了解和认识组织或品牌，可能是通过广告、口碑、社交媒体等渠道获得信息。

2）考虑阶段：顾客进一步研究和比较不同的选项，并评估它们的特点、优势和差异。

3）决策阶段：顾客做出购买决策，选择最适合自己的产品或服务。

4）购买阶段：顾客进行实际的购买行为，可能涉及线上购买、线下购买或多渠道

5）使用阶段：顾客开始使用所购买的产品或服务，并与之进行互动和体验。

6）售后阶段：在使用过程中，顾客可能需要客户支持、维修或售后服务。这个阶段关注顾客的满意度和忠诚度。

这一过程需要深入分析和监测用户在与企业互动的整个旅程中产生的数据，以获得全面的洞察力。用户与企业的互动不仅仅发生在单一的交易或服务点上，而是一个多阶段、多渠道的旅程。这个过程不仅关注单一交互点的数据，还包括用户与企业的多个接触点和互动，以及这些触点之间的关系，从而形成全面、网状、连贯的客户旅程视角。

2. 用户画像

用户画像（User Persona）这个概念最早由交互设计之父阿兰·库珀（Alan Cooper）提出，他将其描述为对用户及其想要实现的目标的精确描述。1993 年，安古斯·詹金森（Angus Jenkinson）提出客户细分是将用户分成各种具有一致性的社群，并创造了 Persona 这个工具帮助设计师更好地研究目标用户。他的方法是通过观察真实客户与品牌间的互动、行为和态度构建一个虚拟人物来代表一类客户群体。2002 年，克拉德（Calde），古德温（Goodwin）和赖曼（Reimann）给出了更详细的定义："用户模型或人物角色是虚构的、详细的原型角色，代表着在研究阶段所观察到的不同行为、目标和动机的客户群体。"用户画像逐渐成了设计过程中非常重要的工具之一，且随着设计行业的发展，用户画像的内涵也日渐丰满。现在设计过程中常用的用户画像可以概括为是开发者创建的一个或者多个虚拟的（也可以是典型的）用户，通常由使用某服务或产品的用户的特征列表构成，是利用这些列表结合照片创建的一份用户角色资料。

具体来说，用户画像有三个重要特性。首先，用户画像虽然是虚构的，但是基于用户真实数据总结得出的；其次，用户画像是根据用户特征提炼出的"典型用户"，是具有某种显著特征的用户群体的概念模型；最后，用户画像强调用户的主体地位，关注用户的个性化需求。因此，可以说用户画像的本质是一种沟通工具，能帮助设计师摆脱固有思维模式，转而进入目标用户角色中，站在用户的角度思考问题。一个饱含丰富信息的用户画像能够让这些重要的用户特征信息直观地在设计师之间传递，帮助所有相关成员对目标用户形成一致的理解，并深入了解用户的价值观和需求。

基于用户画像的特性，在建立用户画像时首先需要确定的就是数据目标，也就是明确用户是谁，从而有针对性地挖掘相关信息。在如今以用户为中心的商业模式之下，产品的开发与创新都需要从用户视角出发进行设计，如图5-3所示。

图 5-3　用户画像

1）背景：用户背景信息，如年龄、职业、喜好、受教育程度、工作等。

2）动机：是什么需要驱使用户来使用这件产品或者服务。

3）特性：用户关心服务的哪些特性。

4）情境：用户在什么情况（内在与外在因素）下使用。

5）行为：用户如何与人、产品、环境和服务过程产生交互。

6）目标：用户最终想要得到的东西。

7）习惯：用户一般的操作或使用习惯，比如左/右手操作、阅读文字大小等习惯。

8）期望：用户的期望是什么？在使用前或使用不能满足后的期望又如何？

当我们明白了服务直接面对的是谁（最终用户）的时候，就要开始将用户的角色变得丰富和鲜活，也就是理解用户。通过用户访谈、用户观察等方法了解用户从态度到行为的一些细致特征，从行为方式、共性、个性和不同点等方面深入了解用户。接着对目标用户的特征进行聚类分析，并赋予更多的具体特征（如外貌、姓名、性格等），将人物原型形象化，最终形成完善的用户画像。

端到端的数据洞察意味着对客户旅程中每个关键接触点和数据源的全面监测和分析，包括从在线渠道（如网站、社交媒体）、离线渠道（如实体店铺、电话服务）到各种数据类型

（如客户反馈、交互数据、销售数据、社交媒体评论等）的数据来源。体验旅程、用户画像相互补充，共同为组织提供了全面的用户洞察。通过了解用户在不同阶段的体验旅程，组织可以获得关于用户行为、偏好、转化率等方面的洞察，根据不同用户画像的需求和偏好进行个性化的优化和创新。同时，端到端的数据洞察提供了可量化的指标和反馈，帮助组织评估和改进用户体验的效果，并进行持续的优化和创新。

5.2 评估准则的建立与执行

在服务体验管理的过程中，评估准则的建立与执行是企业建立全面的服务体验管理体系的关键步骤。评估准则分为企业内部的评估准则和业界内的评估准则。企业内部的评估准则是企业根据其特定需求和战略目标进行定制的，业界内的评估准则则是行业标准和最佳实践，帮助企业了解其在行业中的表现，并与竞争对手进行比较。

5.2.1 企业迭代，驱动体验提升

企业内部的评估准则是根据企业的特定需求和战略目标而制定的。这些准则通常基于企业的核心价值观和对目标用户群体的深入理解。关键在于明确设定一系列关键绩效指标（KPIs）和目标，如客户满意度调查结果、投诉率、服务响应时间和问题解决率等，这些指标不仅反映了用户对服务体验的直接反馈，而且提供了明确的改进方向。通过定量地比较这些指标，企业可以准确评估自身的服务质量，并持续推动服务改进。

1）客户满意度：通过调查和反馈来评估客户对服务体验的总体满意程度。

2）净推荐值（NPS）：衡量客户推荐产品或服务给他人的可能性，是衡量客户忠诚度的关键指标。

3）客户保留率/流失率：追踪客户在一定时间内继续使用或离开服务的比例，反映客户忠诚度和满意度。

4）服务响应时间：衡量从客户提出需求到企业做出响应所需的时间。

5）问题解决率和时间：衡量企业解决客户问题的效率和效果。

6）投诉率：追踪接收到的投诉数量，以及投诉解决的效率和满意度。

7）员工满意度和参与度：衡量员工对工作的满意度和参与程度，这对提供高质量服务至关重要。

8）运营效率指标：如服务交付时间、成本效率、工作流程的优化程度等。

9）个性化服务水平：评估服务在满足个别客户需求方面的能力。

10）数字化服务使用情况：针对提供数字化服务的企业，追踪数字渠道的使用情况和客户互动。

11）客户反馈和建议的实施率：衡量客户提出的反馈和建议在实际服务中的应用情况。

为了确保这些评估准则与公司的整体战略紧密结合，需要跨部门的协同合作。市场营销部门负责理解客户需求和市场动态，而客户服务部门的直接反馈和经验对优化服务过程中的关键接触点非常有价值。同时，运营部门确保了服务交付的一致性和质量，直接影响客户体验。人力资源部门通过有效的培训计划和员工激励机制，确保团队成员理解并执行这些准则。通过这种跨部门协作，不仅可以制定出更全面、具有战略性的评估准则，还能确保这些准则在整个组织中得到有效的执行和维护。

此外，还需要在实施和执行服务体验评估过程中建立全面有效的数据收集和监测机制。利用客户满意度调查、投诉管理系统以及员工绩效评估等工具，企业可以收集和分析关键数据，实时了解服务质量的表现并进行及时的改进。现代化的数据分析工具使得企业能够深入理解服务流程的各个环节及其对客户体验的影响，从而基于数据驱动的洞察调整策略和流程。这样，企业不仅能够实时监控服务质量的表现，还能确保持续地改进服务体验，满足甚至超越客户的期望。

评估准则不是一成不变的。随着市场环境的变化和客户需求的发展，企业需要定期审视并更新这些准则，确保它们仍然与企业的目标和客户的期望保持一致。通过这个动态的、迭代的过程，企业能够不断提升其服务质量，从而加强客户满意度和忠诚度。

5.2.2 业界竞争，多维标准建立

业界内的评估准则是指在特定行业内普遍认可和采用的服务体验评估标准。这些准则通常由行业领袖、专业机构或监管机构制定，反映了行业内的最佳实践和标准。它们的目的是为了提供一个共同的框架，帮助企业在一个更广阔的行业背景下评估和比较自己的服务

水平。

业界内的评估准则，特别是行业标准，为企业提供了一套关于服务质量、客户满意度和效率等方面的具体指标，使其能够量化地衡量和优化自己的服务性能。例如，在酒店业，这些评估准则可能包括：客房清洁度的标准，确保住宿环境符合甚至超过客户的期望和卫生要求；预订过程的便捷性，衡量客户在预订房间时的体验，包括网站的用户友好性、预订的简易程度以及预订确认的速度；客户服务的响应速度，评估从客户提出需求到酒店响应这一需求的时间效率。通过这些具体的评估准则，酒店不仅能够自我评估和持续改进，还能够与同行业的其他酒店进行比较，从而确保在竞争激烈的市场中保持自己的服务质量和客户满意度。这种基于行业标准的评估方法，使企业能够更加明确自己在服务提供方面的优势和改进空间，从而持续提高整体的行业竞争力。

业界内的评估准则的一个核心是对法规的遵从性和对行业指南的强调。这一点在特定行业中尤为重要，比如金融服务和医疗保健行业。在金融服务行业，企业面临着严格的数据保护和隐私法规，这要求企业在处理客户信息时必须维持最高标准的安全和保密性。这些规定不仅保护了客户的敏感信息，还增强了客户对企业的信任。同样地，在医疗保健行业，服务提供者需要遵循与患者安全和服务质量相关的严格标准。这包括确保治疗和护理的准确性、对患者隐私的保护以及医疗服务的高效。这些标准的遵守不仅是法律要求，而且是确保患者福祉和增强服务信誉的关键。因此，业界内的评估准则通过确保各企业遵守相关法规和行业指南，不仅帮助它们符合法律要求，同时也促进了整个行业的信誉和客户的信任。这种对高标准的坚持是任何行业长期保持成功和可持续发展的基石。

业界内的评估准则的一个关键组成部分是倡导采用最佳实践，这些实践通常源于行业内成功企业的经验和成果。这些最佳实践覆盖了从技术创新到客户关系管理等多个方面，为企业提供了可行的模式和策略，以提升自身的服务质量和市场竞争力。例如，技术创新方面的最佳实践可能包括使用最新的数字工具来增强客户互动和服务效率，而在客户关系管理方面，则可能强调个性化服务和高效的客户反馈系统。通过观察并学习行业内表现出色的企业，其他公司可以汲取宝贵的经验，通过改进服务流程、采用先进技术或优化客户互动策略等来提高服务质量。这种基于行业领先企业的最佳实践的学习和模仿不仅可以帮助企业在现有的基础上进一步提升自身的服务标准，还能激励整个行业不断追求卓越，推动整体行业水平的提升。总的来说，通过采纳和实施这些经过实践检验的最佳实践，企业可以更有效地满足客户需求，增强自身的市场地位和竞争力。

业界内的评估准则的一个关键方面是对持续改进和创新的强调。在快速变化的市场环境和不断进步的技术背景下，行业标准和最佳实践都不是静态不变的，而是随着时间和条件的变化而不断演进的。这意味着，对于那些追求卓越的企业来说，仅仅满足当前的行业标准是不够的。它们需要积极探索和采纳新的方法和策略，以保持在行业中的领先地位，这可能包括采用最新的技术创新、探索新的服务模式或改进现有流程以提高效率和客户满意度。这种对创新和持续改进的承诺不仅有助于企业适应市场的变化，还能推动整个行业向前发展，创造新的标准和期望。因此，企业需要建立一种文化和系统，鼓励创新思维和持续学习，确保能够及时响应外部环境的变化，并在竞争中保持优势。通过这种持续的创新和改进，企业不仅能够提高自身的服务质量和效率，还能在行业中树立领导地位，引领行业发展的新趋势。

5.3 平台搭建，服务体验指标体系的落脚点

实施数据驱动的服务体验指标体系时，搭建数智化服务体验管理平台是该体系的重要基础和落脚点。这个平台的建立为企业提供了一个集中管理、分析和应用体验数据的综合解决方案。

5.3.1 数智化服务体验管理平台简介

数智化服务体验管理平台是帮助企业和组织全面理解、优化、提升用户体验的一种综合性工具。其通过收集、分析和应用多渠道、多源的数据，帮助组织了解用户的需求、痛点和行为，进而优化产品、服务和流程，提高用户满意度和忠诚度。这一领域的发展脉络可以追溯到对用户体验重要性的认识不断增强，以及大数据、人工智能等技术的不断发展，可以概括为四个阶段，如图 5-4 所示。

在数智化服务体验管理平台发展的第一阶段，服务体验的概念初步在各企业的管理意识中形成雏形。相较于原先完全根据企业运营的客观数据来进行商业决策，诸多企业开始采取一些获取用户主观感知数据的手段，比如问卷调查、电话回访等。但这些手段尚不成熟，没

有经过仔细的设计与推敲,难以获得消费者较高的配合度;同时由于调查样本数量受限,也存在很大程度的随机性和概括性,无法真实全面地得到大多数用户地真实想法。另一方面,服务体验并没有渗透到企业内部制度管理体系之中,员工们没有明确的关于用户体验的行动方针与成绩指标,绩效考核依旧只与用户的最终交易数据挂钩,迫使员工在无方法无方向无利好的困境中"头痛医头,脚痛医脚",出现问题也无法找到对应的责任人,导致问题无法得到妥善、及时的解决。技术手段的不成熟与企业概念转变尚未深入人心,使得当时多数企业的服务体验管理只浮于一句空喊的口号。

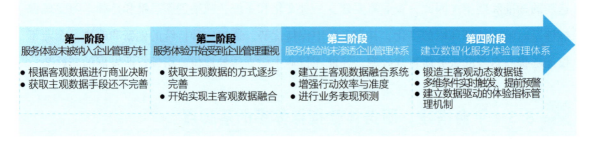

图 5-4　数智化服务体验管理平台四大发展阶段

　　而到了第二阶段,服务体验管理的概念进一步得到了市场的重视,企业获取运营客观数据的方式方法逐渐成熟完善,主客观数据的融合可以有效赋能企业发展也已得到了市场的验证。只关注客观数据的品牌将会失去与用户沟通的机会,难以冲破屏障去了解用户真正的所思所想;而若只关注主观数据也会让品牌偏离商业本质,影响价值转换。在第二阶段,企业做到了主客观数据融合并具备一定的建模分析能力。可根据用户的态度反馈与用户行为数据,分析探求到用户异常行为背后的真实动因,及时发现并改善品牌体验层面存在的问题,加快反馈速度,从而提升用户满意度,在体验时代获取留住用户的主动权。

　　随后,数智化服务体验管理平台进入第三阶段,即不仅要做到主客观数据融合与问题转化,更要进一步地细化目标人群,绘制更详细深入的用户画像,对问题的行动更加迅速与精准。同时通过建模分析对当前业务表现进行预测,探求行业发展潜力;对关键体验交互节点进行设计干预,分析更正行为,验证其对企业的价值。但在推进的过程中也受到了一定的阻力,"数据孤岛"的问题在此阶段渐渐浮出水面。一方面,用户各项反馈数据之间是零散的、独立的、繁杂的感知数据分布在众多的平台触点之中，品牌难以对其真实体验感受进行全面统一的整合。另一方面，很多公司的数据由不同的部门分别负责，部门之间相互独立、缺少沟通，致使数据无法整体串联，用户在与企业的沟通中也会存在信息断层。比如有的用户的感受数据可能分布在淘宝店铺、客服沟通、种草文章评论区、社交平台账号中等。其可能在店铺评价中给了默认好评，却在社交平台表达了自己真实的负面感受；也可能产品确实很好，但因为客服的态度让其选择不再复购。若企业无法将这些数据与相关部门串联整合，就难以从片面零散的体验数据中得知用户需求的全貌，又何谈进一步提升品牌价值。

现在我们已经进入了数智化服务体验管理平台发展的第四阶段，如图5-5所示，企业开始在主客观数据融合的基础上，锻造以客户为中心的数据链：设置动态用户旅程，实现全渠道、全设备、全触点收集客户真实行为并智能分析，多维条件触发精准调研、精准反馈，启动实时预警，极大程度预防客源流失；同时建立数据驱动的体验指标管理机制，构建指标体系，对接企业的CRM、OA等系统，打破信息孤岛，驱动体验管理闭环。向外全链路动态捕捉真实用户反馈，对内上下联动明确行动体系；向后对用户异常行为实时预警，迅速反应，预防流失，向前挖掘行业潜力，提前抓住营销机会。这是当前阶段企业利用大数据驱动，通过体验为品牌赋能，驱动企业成长的奋斗目标。

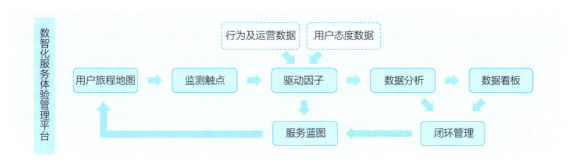

图5-5　数智化服务体验管理平台

研究表明，数智化服务体验管理平台在各行各业都有广泛的应用。在零售业中，通过整合线上线下渠道的数据，平台可以提供全渠道的用户洞察，帮助企业了解顾客的购物习惯、产品偏好和购买意愿；在酒店和旅游业中，通过整合预订系统、客户关系管理系统、社交媒体等数据源，平台可以帮助企业追踪和分析顾客的入住行为、评价和偏好；在金融服务业中，通过整合客户账户信息、交易数据、市场趋势等，平台可以帮助银行、保险和证券公司等机构了解客户需求，提供关于客户投资偏好、风险承受能力和财务需求的洞察；在汽车行业中，通过整合车辆传感器数据、用户车联网数据、地图导航数据等，平台可以帮助车企了解消费者对车载科技、互联网服务和驾驶体验的需求和反馈，提供关于驾驶行为、车载娱乐偏好、道路状况等的洞察。

在国内，特别是电商、短视频、金融和零售等行业，智能推荐系统的研究和应用已经成为行业的热点。例如，国内的电商巨头阿里巴巴和京东都投入了大量资源，通过使用用户的历史浏览和购买记录，以及其他行为数据来预测用户的兴趣，为他们提供相关性更高的产品和服务；抖音和快手等短视频平台采用了基于用户兴趣和行为的个性化推荐系统，使用户更容易发现喜欢的视频内容，从而增加了用户留存率和活跃度；金融机构则可以根据客户的风险偏好、财务状况和投资目标，为他们推荐合适的金融产品和服务，这不仅提高了金融机构的交易量，还提升了客户的满意度。

在国外，数智化用户体验设计与管理领域的应用也愈加广泛。例如，SAP 客户体验云平台、Qualtrics XM 平台、Salesforce 平台、Adobe 体验云平台等，都以其强大的功能和应用的广泛受到企业的青睐，这些平台不仅提供了强大的工具和功能，还帮助企业更好地了解和满足用户需求。一个显著的例子是 Qualtrics，从 2018 年被 SAP 以 80 亿美元收购，到 2021 年成功上市，市值已经达到 273 亿美元。此外，2019 年 7 月，客户体验管理平台 Medallia 在美国上市，市值达到 50 亿美元。同年 6 月，Salesforce 以 157 亿美元收购了数据可视化分析平台 Tableau。这些事件均表明了全球范围内对数字化用户体验设计与管理领域的高度关注。

5.3.2 数智化服务体验管理平台的六大核心能力

数智化服务体验管理平台具备了行为分析、精准调研、API 接口、指标体系、体验旅程和用户画像六大核心能力，这些能力密切联系，共同构建了一个强大的体验管理生态系统，为企业提供了深入了解用户、提供个性化体验、持续改进的手段，如图 5-6 所示。

行为分析是数字化体验管理平台的基础。行为分析关注用户在产品或服务上的行为和互动，例如用户在网站上的点击、浏览、搜索、购买、评论等，以此来分析用户痛点、获取用户需求。通过全渠道、全设备、全触点收集客户使用产品的真实行为并智能分析，平台可以构建用户的行为模型，帮助企业理解用户在产品或服务上的行为模式和趋势。基于历史行为数据和行为模型，平台还可以识别出用户可能感兴趣的产品、推荐内容或购买意愿，预测用户的未来行为趋势。另外，通过建立行为模式和规则，平台还可以识别出与正常用户行为不符的异常行为，触发风险评估和安全措施。行为分析目前被广泛应用在了各个领域，例如在教育领域，通过分析学生的在线学习行为，可以了解他们的学术表现、兴趣和学习方式，以提供个性化的学习建议和内容；在医疗领域，通过分析患者的健康数据、医疗行为和就诊记录，医院可以了解患者的病情、治疗效果和用药依从性等。

图 5-6　数智化服务体验管理平台六大核心能力

精准调研是获取用户反馈和意见的关键渠道。精准调研通过在线问卷、反馈表单、焦点小组讨论等方式与用户建立互动，收集他们的意见和反馈。通过精准场景下对精准客户的调研，可以获取用户对产品或服务的定性和定量数据，帮助企业更好地了解用户需求和满意度。精准调研的成功在于确定调研目的和受众、选择合适的调研方法、设计精准问题和指标、积极与用户互动、分析数据并提炼洞察，以及持续改进和反馈闭环。通过这一过程，企业可以与用户建立良好的沟通和关系，提供符合用户需求的产品和服务，提升服务体验和满意度，增强竞争力。例如苹果通过在其产品和应用程序中内置反馈机制，鼓励用户分享意见和问题，这些反馈帮助苹果不断改进其产品。

API 接口在数字化体验管理平台中扮演着关键的角色。通过 API 接口，不同的应用程序、系统和数据源可以实现数据的交换和集成，从而实现数据的整合和流畅传输。这使得服务体验管理平台能够从多个来源获取数据，并将其整合到一个集中的位置，为深入的分析提供可靠的数据基础。此外，API 接口还可以与企业的 CRM、OA 等系统进行对接，打通服务体验云数据和企业部门之间的通路。通过与其他系统的接口对接，服务体验管理平台能够更好地整合和利用企业内部的资源，提供更全面、一体化的数字化体验管理解决方案，从而提升企业的运营效率和用户体验。例如 Facebook 的开放图谱 API 允许第三方应用程序与 Facebook 进行集成，从而让用户在不同平台上分享内容和互动，这种 API 接口的成功应用使得用户可以在不同的应用程序中与其社交网络进行互动，提高了用户黏性，也为服务体验管理提供了丰富的用户行为数据。

体验指标体系是数字化体验管理平台的核心框架。它涵盖了用于度量服务体验各个方面的一系列定量和定性指标，包括用户满意度、页面加载时间、交互流畅性、转化率、用户反馈等等。通过建立综合的体验指标体系，企业能够全面评估服务体验，并追踪其变化趋势。定量指标（如页面加载时间和转化率）提供了可衡量的数据，而定性指标（如用户满意度和用户反馈）则提供了对用户情感和态度的深入理解。通过综合分析这些指标，企业可以获取对服务体验的全面认知，以及发现问题和改进的机会，并制定相应的优化策略。体验指标体系是因行业的不同和企业要求的不同而异的，例如电商平台会更关注购物流程的简便性、页面加载速度、产品推荐的准确性；酒店和旅游业会在意客房干净度、前台服务、餐饮质量等；电信行业把关注点聚焦于网络覆盖范围、数据速度、通话质量等方面；医疗体系则更关注就医等待时间、医生的专业知识、医院环境等。

体验旅程是用户与产品或服务互动的全面视角。企业通过绘制用户在整个服务体验过程中的旅程地图，可以了解用户的旅程中可能出现的问题、瓶颈和转折点。这种全链路的洞察使企业能够全面把握用户的体验需求和期望，从而有针对性地进行优化和改进。通过分析用户旅程，企业可以识别出关键触点，并针对这些触点进行优化，以提供更连贯、流畅的用户体验。旅程地图还可以帮助企业了解用户在不同阶段的情感和行为变化，从而更好地满足用户需求并提高用户满意度。以在星巴克购买咖啡为例，通过 App 或小程序，用户可以查找附近的店铺、浏览菜单、下订单、支付并取货。星巴克通过深入研究用户的体验旅程，不断改进其移动订单流程，提供更快速、更便捷的服务。

用户画像是对用户的综合描述，涵盖了他们的兴趣、偏好、行为模式、需求等方面的信息。在服务体验管理平台中，通过收集和整合各种数据源，企业可以智能构建用户的生理、社会、行为、态度、业务等多重属性结合的画像。通过综合分析用户画像，企业可以识别出不同用户群体的特点和共性，从而进行有针对性的市场定位和产品定制。企业可以利用用户画像来预测用户行为，推断他们的需求和偏好，并基于这些信息制定相应的营销策略和产品优化方案。此外，用户画像也可以帮助企业发现新的市场机会和潜在用户群体，为业务发展提供有力支持。通过将正确的人与正确的行动相结合，企业能够更加高效地满足用户需求，提升竞争力，并实现可持续的业务增长。

这六大核心能力之间存在着密切的联系和协同作用，共同构建了一个闭环的服务体验管理生态系统。行为分析提供了数据基础，为其他能力提供了洞察和依据；精准调研通过用户反馈补充了更多信息，帮助企业深入了解用户需求和偏好；API 接口确保数据的流畅传输，将不同应用程序和系统连接起来，实现数据的集成和交换；体验指标体系为数据提供了结构框架，通过各类定量和定性指标，全面评估和监测用户体验的各个方面；体验旅程将这些指标整合到一个全面的视角中，帮助企业从用户旅程的角度把握体验问题和改进机会；用户画像则为个性化体验提供了依据，通过综合用户的兴趣、行为模式和需求等信息，实现个性化服务和精准营销。从收集数据、了解用户需求、优化关键触点，到个性化服务和持续改进，这个生态系统帮助企业深入了解用户，实时监测用户体验，提供个性化服务，并持续优化服务体验。

5.3.3　数智化服务体验管理平台实施规划

数智化服务体验管理平台的实施规划是一个综合性的过程，旨在将数据驱动的体验管理与企业战略和目标紧密结合，以提升客户满意度、优化业务运营并实现增长，其关键步骤包括基础打造、运营提升、管理深化三个步骤，如图 5-7 所示。

1. 阶段 1：基础打造，全面体验管理闭环

在此阶段，企业建立了最初的体验管理闭环。

图 5-7　数智化服务体验管理平台实施规划

企业通过触发式调研和多种渠道采集用户反馈、收集客观数据，为体验管理打下基础。触发式调研能够在用户与企业互动的关键时刻触发，而多渠道采集确保了从不同渠道收集数据的全面性和多样性。这些数据包括用户声音、评论、投诉和建议等主观数据，以及与用户交互的客观数据，如网站浏览记录、应用使用情况等。在数据采集的基础上，企业对数据进行整合与分析，形成不同角色的数据看板。这些可视化数据看板可以帮助各部门更好地理解用户反馈和数据，促使他们及时做出改进计划。例如，客服部门可以查看用户的投诉和问题、销售团队可以了解客户的需求、产品开发部门可以分析用户体验中的痛点等。另外，通过数据看板还可形成预警体系，当某些关键指标或用户反馈达到一定的阈值时，系统会自动触发预警，通知相关团队或个人采取必要的行动，帮助企业更加及时地响应用户的需求和问题，减少潜在的负面影响。

阶段 1 是体验管理的起始点，初步构建了从数据到洞察再到行动的闭环，为进一步的体验管理改进和优化奠定了基础。

2. 阶段 2：运营提升，智能分析提升洞察

在体验管理的第二阶段，企业着重提升了体验管理闭环的效能，通过更深入的数据梳理和智能分析，进一步改善用户体验和业务运营。

企业在此阶段对主客观数据进行了更为深入的梳理，构建了自动清洗规则，确保数据的准确性和可用性。主观数据和客观数据是体验管理的关键资源，而这个阶段的目标是确保这些数据的质量和完整性。通过建立自动清洗规则，企业能够更好地处理数据中的噪音和不一

致性，从而提高数据的可信度。这为后续的智能分析提供了可靠的数据基础。在数据洞察的基础上，企业根据指标体系构建了业务模型，并为各个指标定义了智能分析维度。这意味着企业不仅关注单一指标的数值，还关注了影响指标的各种因素。通过智能分析维度，企业能够更全面地了解用户体验的各个方面，并迅速识别问题和机会。例如，他们可以分析用户在不同设备上的体验差异，或者根据地理位置了解用户行为的变化。这种深度的洞察有助于企业更精确地优化用户体验。并且，企业在此阶段可进行行动效果的评估，通过分析已经采取的行动的效果，了解哪些行动是成功的，哪些需要调整或改进。这种评估不仅有助于衡量体验管理的成效，还有助于沉淀有价值的行动策略。那些被证明有效的策略可以成为策略库的一部分，供以后使用。

阶段 2 是体验管理闭环的进一步完善和提升阶段。通过数据清洗、智能分析和行动效果评估，企业能够更全面地理解用户体验，更灵活地应对变化，提高运营效率，以及为下一个阶段的发展积累经验和智慧。这个阶段是体验管理成熟度逐渐提高的重要里程碑。

3. 阶段 3：管理深化，策略库提升管理效能

在体验管理的第三阶段，企业进一步加强了体验管理闭环的深度，并提高了管理效能。

首先，企业建立了用户全生命周期的服务体验管理体系，这意味着他们不仅关注用户的单一交互或体验瞬间，还关注整个客户旅程。为了实现这一目标，企业基于主客观数据构建了用户标签系统和客户画像。用户标签系统能够帮助企业更好地分类和理解客户群体，而用户画像则提供了更详细的用户信息，包括用户需求、偏好和行为。这种全面的用户画像使企业能够更深入地了解用户，为他们提供更有针对性的体验。

其次，企业构建了重点业务模型，并引入了智能算法。这意味着他们不仅关注整体业务绩效，还关注特定业务领域的优化。通过智能算法，他们能够更精确地预测和识别潜在问题，以及推断出改进措施。例如，他们可以分析特定产品线的销售趋势，并根据市场需求做出调整，或者识别特定地区的用户体验问题，并采取定向措施。这种精细化的管理有助于提高业务效率和用户满意度。

最后，企业根据行动评估自动生成策略库，进一步提升了管理效能。策略库是一系列已经验证有效的行动策略的集合，可以用来应对常见问题或情境。企业面临类似的挑战时，可

以快速查找并采用策略库中的策略，而不必从头开始制定解决方案。这大大缩短了解决问题的时间，并确保了一致性和高效性。策略库的自动生成也使得管理更加智能和自动化，减轻了管理层的负担。

阶段 3 是服务体验管理闭环深度提升和管理效能提升的阶段。通过用户全生命周期的管理、智能分析和策略库的应用，企业能够更全面地满足用户需求，更精确地优化业务，更快速、更智能地应对各种挑战。这个阶段标志着企业的服务体验管理成熟度进一步提升，为持续改进和卓越服务奠定了坚实的基础。

这三个阶段之间存在着递进的关系，每个阶段都是在前一个阶段的基础上构建的。从建立基础的体验管理闭环开始，逐步提升了数据的质量和智能分析的水平，最终实现了更深入的管理和更高效的策略应对。这一连串的改进和提升使企业能够更好地理解用户体验、更迅速地响应问题，并在竞争激烈的市场中提供更出色的服务。

第6章

数据—知识—价值：服务体验管理的法则

服务体验管理的基础是数据，研究内容是如何将海量精细化数据转化为管理层或设计师可以理解的知识语言，指导具体的迭代优化行动，目标是带来价值提升。服务体验管理可以用三个层次进行描述，即：数据层、知识层和价值层，三个层次共同构成了从"数据采集"到"知识转化"再到"价值提升"的闭环，如图6-1所示。

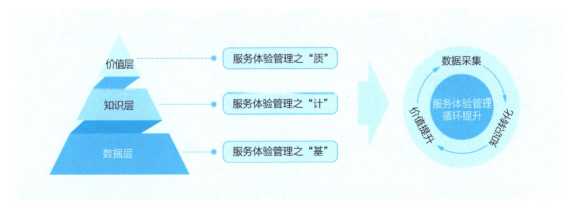

图6-1　服务体验管理三层次模型

6.1 数据层：服务体验管理之"基"

数据层是服务体验管理之"基"。所有的行动都需要数据的支持，传统的数据获取方式已不能满足当今高速发展的社会需求，在物联网、大数据分析、群智感知等技术的赋能下，可以进一步将离散的用户主客观数据、企业运营数据等聚合成数据链进行高效分析。

6.1.1 主客观数据拉通，汲取时代用户动能

在当今日益数字化且竞争激烈的商业环境下，服务体验管理需要大数据的支持来应对复杂多变的用户需求和期望。大数据不仅能够广泛收集来自多渠道的海量数据，包括用户行为、交互和反馈等，而且通过深入分析这些数据，可以揭示隐藏在其中的模式和趋势，从而深入了解用户偏好与行为习惯，进而预测用户行为和需求，帮助企业制定更有针对性的策略和措施。对于用户反馈中的负面情绪，大数据的实时分析能力也可以迅速捕捉并采取及时的行动，从而优化服务体验、提高客户满意度和忠诚度。大数据的支持成了服务体验管理的关键，用户的主客观数据则是用来评估和改进产品或服务的大数据的核心内容，如图 6-2 所示。

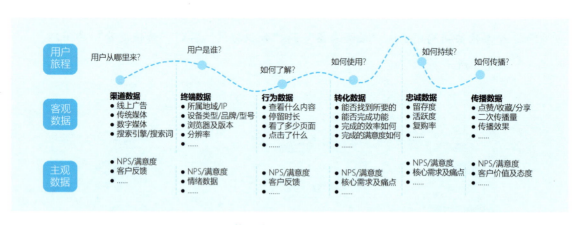

图 6-2　服务体验管理中用户旅程和主客观数据

服务体验管理中的主观数据是指基于用户主观观点、情感和个人体验的信息，又称态度数据，用于了解用户对产品或服务的看法、感受和反馈。这些数据主要通过用户调查、反

馈、评论、焦点小组讨论等方式收集，包括用户满意度调查、意见反馈、用户评论、用户故事等内容。主观数据提供了用户在使用过程中的个人体验和感受，能够揭示用户的需求、偏好以及对产品或服务的喜好和不满之处，可以帮助企业更好地理解用户的情感和期望，指导产品改进和优化。主观数据的优点在于可以深入了解用户的需求和期望，缺点是可能受到个体差异和主观偏见的影响。

在服务体验管理中，客观数据指的是基于客观事实的可量化的信息，又称行为数据，用于评估和衡量服务体验的各个方面。这些数据通常是通过工具、仪器或系统自动收集的，具有一定的客观性和可重复性。客观数据包括但不限于用户终端数据（如所属地域、设备型号、浏览器版本）、行为数据（如点击率、页面加载时间、页面浏览深度、转化率、错误率）、传播数据（如点赞收藏分享数量、传播效果）等，通常以数字、统计数据或图形的形式呈现。这些数据不受主观因素的影响，能够提供关于用户与产品或服务互动的客观、可验证的数据，帮助企业更精确地评估服务体验的质量和效果，从而指导改进和决策。

无论是主观数据（用户感受和反馈）还是客观数据（性能和行为指标），都围绕用户旅程展开。用户旅程基于用户与产品、服务或品牌的全过程互动，在服务体验管理中起着至关重要的作用。围绕着"用户从哪里来""用户是谁""如何了解""如何使用""如何持续""如何传播"这几个问题，企业可以全面收集用户主客观数据、洞察体验过程中的问题和改进机会，评估服务效率和效果、推动持续性的改进和创新。

主观数据和客观数据相结合具有显著的优势。主观数据提供了深层次的情感和看法，帮助企业了解用户的需求和期望，而客观数据则提供了客观的性能和行为指标。主观数据可以帮助解释客观数据背后的原因，从而更好地理解服务体验的背后因素。同时，客观数据可以验证主观数据，确保决策和改进基于可量化的指标。通过将这两种数据结合起来，企业能够更全面地理解服务体验，从多个角度评估产品或服务的质量，发现问题的根本原因，并采取针对性的措施。这种综合方法不仅提高了决策的准确性，还有助于更快速地识别和解决问题，最终提升用户满意度，增强用户忠诚度，并在市场竞争中取得优势。

6.1.2 善用多维埋点，赋能企业用户双向共建

数据提供了关于用户行为、喜好、满意度等方面的宝贵见解，可以帮助企业更好地理解

用户需求并改进服务。为了收集这些数据，通常需要进行数据埋点。

1. 什么是埋点

数据埋点一种将代码插入应用程序或网站中的技术，以便跟踪用户的交互和行为。通过数据埋点，企业可以收集各种信息，如页面浏览次数、点击率、停留时间、转化率等客观数据，同时也可以获取用户的主观反馈和意见，例如用户调查、评论和评级等。举个简单的例子，我们在开车的时候都要留意公路上的摄像头，摄像头可以获取驾驶员的身份信息，比如照片、着装等，获取到我们的车辆信息，比如车型、颜色、车牌号等，也可以记录驾驶员在驾驶途中的行为，比如何时何地闯了红灯、有没有超速行为等等。如果摄像头布局合理且密集，那么完全可以还原出行车轨迹，甚至可以判断驾驶员的驾车习惯。公路上的一个个摄像头就相当于我们的数据埋点。

数据埋点可应用于各种场景，包括但不限于用户行为分析、产品优化、用户旅程分析、个性化推荐。通过捕获用户在应用程序或网站上的点击、浏览、搜索等行为，企业可以分析用户的行为习惯，了解他们的兴趣和需求；通过监控用户在产品中的操作，可以及时发现并解决潜在的程序错误或功能缺失；通过跟踪用户从入口点到最终目标的整个旅程，可以构建用户旅程，识别情绪高峰和低谷，改进用户转化率；通过对用户的全方位洞察，可以构建用户画像，实现个性化的内容推荐。

数据埋点的演进可以分为三个阶段，每个阶段都有不同的特点和目标，如图6-3所示。

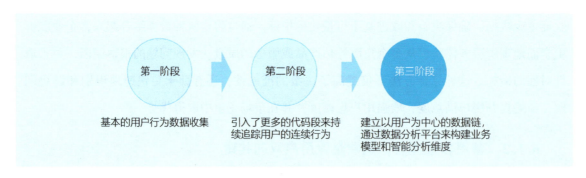

图 6-3 数据埋点的三个阶段

第一阶段的数据埋点是在企业产品研发过程中，将代码嵌入到产品程序的特定位置，以便追踪用户的行为，获取关键行为的数据信息。这个阶段主要关注基本的用户行为数据收集，帮助企业了解用户在产品中的基本操作和互动。

第二阶段的数据埋点是在第一阶段的基础上进一步发展的，引入了更多的代码段来持续追踪用户的连续行为。通过收集更多的数据，企业可以建立更精细的用户模型，深入分析用户的行为和偏好，从而更好地理解用户需求。

第三阶段的数据埋点则涉及与专业客户体验管理平台的合作，如唐硕、神策、知了云、Talkingdata、GrowingIO 等。在这个阶段，数据埋点变得更加科学和细致，能够获取更多维度的数据信息。企业可以建立以用户为中心的数据链，通过数据分析平台来构建业务模型和智能分析维度，从而实现智能分析，提高洞察效能。

这三个阶段的演进代表了企业对于数据利用的不断深化和优化，从最初的基础数据收集到更高级别的用户行为分析和智能洞察。数据埋点在不同阶段为企业提供了更多的洞察力和决策支持，有助于提升产品质量和服务体验，从而推动业务的发展和增长。

2. 在什么时间点 & 在哪里埋点

为了帮助寻找解决问题的线索，弥补考虑问题时可能会产生的漏洞，寻找发明思路，进行设计构思，二战中美国陆军兵器修理部首创了七问分析法（又称 5W2H 方法），可以以简单直观的形式把一件事情或任务描述清楚。

What——这件事是什么？有何种目的？做了哪些工作？

Who——这件事情是由谁来做的？

When——何时开始？何时结束？什么时机最适宜？

Where——在哪里做的这件事？

Why——为什么要做这件事？一定要做吗？是否有替代方案？

How——怎么做？采用什么方式？如何实施？方法是什么？

How much——多少？这件事情完成度如何？是否保质保量？产出了多少费用等。

要量化服务体验，要在什么时间点和什么位置埋点呢？我们也可以借助 5W2H 方法进行思考，如图 6-4 所示。

图 6-4　数据埋点的 5W2H 思考法

1）What：描述用户的动作，记录用户在参与过程中所产生的所有操作。比如在"购买从杭州到上海的车票"这一行动中，可以记录用户购买的交通工具类型、购买数量、购票日期、出行日期、座位偏好、付款方式等。

2）Who：说明参与该事件的主体是谁、该事件的受众是谁。需要清楚的是，用户有两种类型，一是该事件的操作主体，二是该事件的受众。例如，在"妈妈在线上给孩子购买辅导书"这一行为中，妈妈是"购买"这一活动的主要操作主体，孩子是"购买"这一行为的主要受众。对于操作该事件的主体，可以在后台端获取用户的 ID 以及年龄、性别、所在城市等基本信息，如果用户未登录，也可以获取用户的 Cookie、设备 ID 等。对于该事件的受众，则可以通过评论数据等进行获取。

3）When：描述事件发生的具体时间，如果用户在参与过程中发生了多个操作，要分别记录。比如对于"购买"操作，可能需要记录用户浏览详情界面的时间、加入购物车的时间、下单的时间、付款时间等。

4）Where：描述事件发生的具体地点，在哪些渠道、哪种场景下进行成交。对于网络用户，可以通过 IP 来解析用户具体的所在省市；根据 GPS 来定位用户的地理位置信息。对于一些线下埋点的业务类型，可以更加精准地定位用户动作的发生地点。

5）Why：描述用户产生该动作的原因。由于用户动机复杂、较难直接获取，一般可以通过获取 What + Who + When + Where + How 等进行洞察分析。

6）How：说明用户是通过何种方式来做这件事情的。可以根据设备类型/品牌/型号判断用户手机端的产品类型；根据浏览器及版本判断用户电脑端类型。也可以获取用户的渠道数据，例如用户是从线上广告来，还是传统媒体、数字媒体来或搜索引擎搜索等。

7）How much：描述该事件的成本。在企业实际操作中，主要量化三个指标：转化数据、忠诚数据和传播数据。转化数据是指用户完成度如何、是否高效、是否满意等；忠诚数据主要包括用户的留存度、活跃度、复购率等；传播数据则主要包括用户点赞、收藏、分享量、传播效果等。

为了确保数据采集的有效性和可用性，在制定埋点策略时，需要仔细分析用户旅程，确定何时何处的数据对于达到管理目标最为关键。另外，在产品进行设计规划时就需要把数据埋点提上日程，如果在产品开发完成后再埋点，那么只能在更新版本后才收集收据，之前版本的数据就只能遗憾错过了。

3. 如何埋点

数据埋点主要分为三种类型：代码埋点、可视化埋点和无埋点，如图 6-5 所示。选择何种数据埋点方式取决于产品或服务的性质、需求以及所使用的技术栈。

代码埋点
在应用程序的关键位置手动插入代码，以捕获用户的关键行为和事件

可视化埋点
无需编码的方式，在后台可视化界面配置和统计埋点，并实时下发到客户端生效

无埋点
通过后端配置或前端可视化工具来完成关键事件的定义和捕获，对页面上所有的点击行为进行自动埋点

图 6-5　数据埋点的三种方式

代码埋点是最传统的数据采集方式，它需要研发工程师手动在应用程序的代码中插入跟踪代码，以捕获特定事件和用户行为。这些跟踪代码通常会发送数据到后端服务器，以供进一步分析和处理。代码埋点具有高度的灵活性，因为开发人员可以根据需要精确控制何时、何地以及如何捕获数据。这种方式适用于需要详细和个性化数据的情况，但有较高的技术要求和人力成本，每次产品迭代都需要更新埋点方案。

可视化埋点工具允许非技术人员通过界面操作来设置和管理埋点。这种方式简化了数据埋点的过程，不需要深入的编程知识。用户可以使用可视化工具选择页面元素，并定义何时触发数据采集。可视化埋点通常以浏览器插件或在线平台的形式提供。虽然它在简化埋点过程方面具有优势，但在某些情况下受限于可视化工具的功能，无法满足高度个性化的需求。

无埋点方法不需要手动插入跟踪代码，而是通过绑定页面元素和事件，当用户触发事件时，自动上报数据。这种方式可以捕获所有元素的点击行为，有利于深入分析用户交互行为，可在系统上线后使用，支持全量数据回溯，但是无法采集自定义属性，数据形式非业务导向，兼容性和传输效率较差，因此适合分析或统计需求相对简单、不需要对埋点事件进行复杂的自定义属性设置，特别适用于频繁上线和迭代的运营活动评估。

在记录埋点信息时，主要的埋点事件分为点击事件、曝光事件和页面停留时长三类。用户每点击页面上的一个按钮一下都会记录一次数据，如淘宝主页资源位的"天猫超市"按钮，当用户点击一次"天猫超市"按钮时，便会统计一次点击事件。曝光事件是每向用户展示一次页面，便会记录一次数据，包括成功打开、刷新页面、加载下一页等。页面停留时长主要用来记录用户在一个页面的停留时间，它可以通过记录用户进入页面的时间 t1 和离开页面的时间 t2 计算，计算公式可以简单地表示为：用户停留时间=离开页面时间 t2-进入页面时间 t1。还以天猫超市页面为例，当用户浏览某项商品页面的时候记录一个进入页面时间 t1，当逛完离开后记录一个离开页面时间 t2，t2-t1 就是用户在该商品详情界面的停留时长。

6.1.3 数据多元应用，加速企业纵深发展

服务体验管理中的数据具有多重作用。首先，海量数据可以帮助企业全面了解用户的需求、偏好和行为，评估用户满意度，衡量服务体验的质量，及时发现问题；其次，数据可用于追踪改进的效果，确保企业所采取的措施产生了积极的影响；再次，数据还能支持企业数据驱动的决策制定，帮助企业确定战略方向、市场定位和产品开发的优先级。总的来说，数据的应用方向可以概括为发现异常、评估效果和寻找增长点，如图 6-6 所示。

1. 发现异常

异常通常指的是不寻常或与正常操作、预期用户行为明显不符的情况，包括性能异常、用户行为异常、用户反馈异常等。性能异常是指产品或服务在性能方面出现问题的情况，比

如网站加载速度缓慢、应用程序崩溃、页面加载错误等；用户行为异常是指用户的操作行为与正常操作明显不同，例如用户在短时间内频繁点击某个按钮、异常高的登录失败尝试次数或大量非正常的搜索行为等；用户反馈异常则是指用户的投诉、不满或建议，这些反馈可能指向服务体验中的异常或问题。为了维护用户满意度，这些异常需要及时识别、分析和解决，异常管理是企业提高产品或服务质量及竞争力的关键一环。

图 6-6　数据的三个应用方向

通过收集和分析用户行为数据，企业可以深入了解用户是如何使用其产品或服务的，这种洞察力使企业能够识别并解决用户在使用过程中遇到的问题、改进设计或服务上的功能，从而提供更顺畅的服务体验。例如，如果数据分析显示用户在某个页面的停留时间较短，企业可以深入分析该页面的设计和内容，找出问题并加以改进。随着智能技术的精进，还可利用机器学习模型来检测异常模式，即训练模型来识别正常用户行为，然后检测任何与正常行为模式明显不同的用户行为。此外，在数据分析和模拟的基础之上，企业还可设置基于数据的监测系统，实时监控关键性能指标，如页面加载时间、错误率、用户满意度等，如果指标超出预定的阈值，系统将触发警报，提示运维团队立即采取行动。通过这一过程，企业能够在服务体验管理过程中精确地识别异常行为，改进产品或服务，实现可持续发展。

2. 评估效果

效果评估指的是对改进措施、策略或变化的结果进行评估和量化的过程，它是一种系统性的、数据驱动的方法，通过监测、量化和分析多个关键性能指标（Key Performance Indicators，KPIs）来衡量改进是否达到了预期的效果、是否对用户产生了积极的影响。

企业关注的"效果"通常包括性能、用户满意度、业务效益三方面。首先，诸如页面加载速度、响应时间、错误率等性能指标的监测和分析都可纳入性能维度。通过改进性能，企业可以确保用户在使用时获得更快速、更可靠的体验。例如，如果一个网页的加载时间在改进后显著减少，那么这可以被视为正向优化，因为服务体验得到了明显的提升。其次，在用户满意度方面，用户满意度是衡量用户对产品或服务的主观看法的关键评估维度，通常通过用户反馈、问卷调查和访谈等来衡量。用户反馈是宝贵的信息源，企业可以了解用户对优化措施的反应，了解哪些问题得到了解决、哪些仍然存在，以及哪些方面需要进一步改进。效果评估也需要落实到业务效益上，包括收入增长、市场份额增加、用户留存率提高等方面。

常用的效果评估方法包括 A/B 测试、关键绩效指标（Key Performance Indicators，KPIs）分析和用户满意度调查。A/B 测试是将不同版本的产品或功能展示给用户，并对比它们的性能指标来评估效果。例如，如果你修改了网站的首页设计，可以比较新旧版本的转化率、点击率等。关键性能指标分析则是跟踪用户留存率、平均访问时长、转化率等关键性能指标，通过观察这些指标的变化来识别产品优化是否达到了积极的效果。用户满意度调查则能够获取到用户的主观数据，定期的用户满意度调查可以了解用户对产品或服务的满意度水平的变化。

效果评估在企业服务体验管理中扮演着至关重要的角色。它不仅为企业提供了反馈和数据，指导他们改进产品或服务，还帮助企业量化改进的成果，确定是否朝着提高服务体验的方向又迈出了积极的一步。

3. 寻找增长点

寻找增长点意味着识别和利用机会来满足用户需求、吸引更多用户、增强企业市场竞争力。数据不仅可以提供对企业内外环境的深刻洞察，还能够为战略方向、市场定位和产品开发的优先级制定提供有力支持。

在用户细分方面，企业可以使用市场细分和用户画像以及用户的历史行为和偏好等来了解不同受众的需求和偏好，将用户分成不同的群体，并为每个群体提供个性化的体验，包括个性化推荐产品、内容或服务，以及调整界面以满足不同群体的需求等；在产品开发方面，通过分析市场反馈、用户反馈和产品性能数据，企业可以寻找用户流失点、查看用户停留时间、点击路径和转化过程等,追踪产品的绩效和市场接受度,在此基础上识别产品改进的机会并调整其产品开发策略;在战略制定方面,通过分析市场趋势、竞争对手的表现和消费者关键性能指标等,企业可以识别自己的竞争优势和劣势,确定哪些市场领域具有增长潜力,并规避潜在的风险。

服务体验管理中数据的多元应用是企业纵深发展的关键因素。通过数据分析,企业能够优化产品和服务、提供个性化体验、增强用户参与度、改进客户支持以及保持竞争力。这一综合性的数据应用不仅提高了用户满意度,还有助于企业实现可持续的业务增长。

6.2 知识层:服务体验管理之"计"

知识层是服务体验管理之"计"。借助智能化手段、运用数据层的海量主客观数据,通过"指标化的体验导入""智能化的分析洞察"与"价值化的体验驱动"三步走战略,将抽象的数据具象化,转化为管理层、业务层、执行层可以理解的知识语言,助力企业、政府等由"粗放式发展"转向"精细化运营",逐步实现业务迭代优化,如图6-7所示。

图6-7 数智化体验管理平台使用步骤

6.2.1 体验导入指标化，构建作战体系

为了将抽象的服务体验转化为可衡量的数字指标，使企业能够更精确地评估和量化客户的感受，需要将体验指标化。体验指标导入（Experience Metrics Integration）和系统初始化配置（System Initialization Configuration）是两个关键步骤，它们为整个过程的有效运作和数据收集提供了基础。

1. 体验指标导入（Experience Metrics Integration）

要想了解体验指标导入的过程，首先要明晰什么是体验指标。体验指标是衡量和评估服务体验质量的关键性能指标，这些指标涵盖了服务体验管理过程中企业需要考量的各个维度，包括客户满意度、客户忠诚度、净推荐值（Net Promoter Score，NPS）、服务响应时间、问题解决率、客户流失率等。体验指标导入则是将这些关键性能指标纳入服务体验管理系统的过程，以便系统能够收集、分析和报告这些指标。

体验指标导入包括指标体系构建和问卷矩阵及内容设计两个环节，它们共同构成了建立有效服务体验管理框架的基础。其中，指标体系构建涉及确定要衡量和评估的关键性能指标，而问卷矩阵及内容设计则涉及如何收集客户反馈和数据来支持上述指标。这两个方面的合理规划对于企业了解客户需求至关重要。

指标体系构建是一个系统性的过程。具体来讲：服务体验是一个连续的旅程，从用户与企业业务的初次相识开始，一直到整个互动历程结束，这个旅程包括了多个交互点和接触渠道，每个都对服务体验产生重要影响。因此，企业不仅仅要关注单一的交互点，更要全面梳理用户旅程，深入了解用户在每个关键触点所经历的体验，构建全景式的服务视角，如图 6-8 所示。在进行旅程梳理的基础之上，挖掘用户在交互过程中的关键触点，这些触点是改进服务体验的关键驱动因素。为了量化这些关键触点，需要选择适当的指标，如客户满意度分数、净推荐值、客户投诉率、问题解决时间、服务质量评级等，这些指标是与关键触点一致的，将这些指标有机组织起来便构成了指标体系。

问卷矩阵及内容设计则是收集客户反馈和数据的重要工具，用于支持指标体系的实施和评估。建立问卷矩阵的目的是确定何时何地向哪些客户发送何种问卷。矩阵可以基于客户特

征（如年龄、性别、地理位置）或他们的交互点（如购买、投诉）来制定。企业在建立问卷矩阵的时候有三方面要着重考虑：一是调研类型，在线调查、电话调查、面对面访谈和邮寄调查等不同类型的调查工具都可以用于收集客户反馈，企业需要根据自己的需求和用户的特点选择合适的调查方式；二是调研内容，为了确保数据的有效，问卷设计与构建的指标体系密切相关，问题设计应清晰、简洁、易懂；三是调研频率，比如可以每年进行、每季度或者更频繁地进行短期调查。

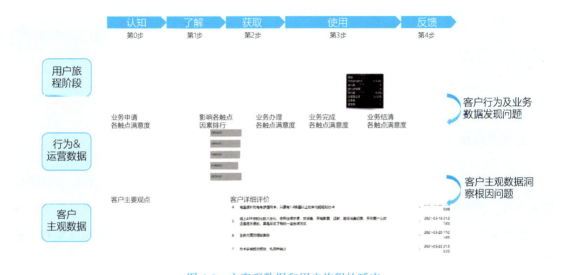

图 6-8　主客观数据和用户旅程的呼应

例如，浙江大学华南工业技术研究院用户体验创新研究中心在进行问卷设计方面有自己独到的见解。他们提出"在精准场景、精准触点、精准渠道的下发调研，能够提高用户的参与度，有助于提高调研的回收率"，如图 6-9 所示。在实战过程中，进一步实施了防打扰会员策略和提高问卷质量策略。为了防止打扰会员，根据系统设定，在一定时间段内只会向同一个会员调研一次，对参加了调研的会员自定义开始新的周期，一方面可以防止重复调研，另一方面也可以自动选择有效下发渠道，避免触达不到会员。为了提高问卷质量，他们精简问卷数量，提醒设计易于用户理解及回答的问卷，问卷的框架和内容通过前期研究和小范围测试后才会上线。在问卷回收的过程中，如果某些细项指标有异常，则会加入阶段性会员回访环节，进一步挖掘用户交互过程中的重要触点。

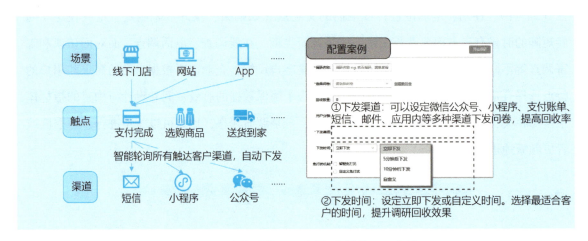

图 6-9　服务体验管理云平台问卷设计配置案例

2. 系统初始化配置（System Initialization Configuration）

系统初始化配置是在启动服务体验管理系统时对系统进行的设置和配置工作，包括指标体系配置、问卷配置、调研触发配置、用户分群/画像配置、角色权限配置、预警行动配置等。系统初始化配置确保了数据的准确性和一致性，正确配置的系统能够准确地收集和存储数据，减少错误和不一致性的可能性。

配置指标体系是一个自上而下的过程。首先要站在顶层设计的角度根据各个业务模型构建一个全面的体验指标体系。这个体系的核心目标是打通体验指标和业务指标之间的关联，这个关联可以帮助我们深入理解服务体验是如何与业务绩效紧密相连的。为了确保全面覆盖用户在不同场景下的关键触点，这一体系的构建必须涉及多层级、多渠道的考量。在这个总体的体验指标体系的指导下，需要进一步构建相应的客户旅程。客户旅程不仅仅是一系列用户与产品之间的交互，更是所有关键触点之间的有机连接。这些触点与体验指标的驱动因子直接相关，因此需要将每个关键触点与相应的驱动因子联系起来。在这个过程中，可以根据驱动因子的数值配置预警规则，即当体验数值达到特定的阈值时可以立即识别问题并采取行动。这种实时预警机制能够与企业工单系统无缝对接，从而推动问题的快速解决。而所有驱动因子的体验数值都需要依赖于问卷矩阵的设计和执行，这个矩阵结合了用户分群、相关触点和触发事件来进行设计。通过这个有机的体验管理框架，能够实现用户体验和业务绩效的协同增长。

问卷及调研触发配置包括问卷设计、调研触发和数据应用三个重要环节。问卷设计是核心，企业要精心选择调研问题、确定问卷的格式和结构，确保用户的反馈数据具有高度的信息价值。调研触发则是关于确定何时何地向哪些受访者发送问卷的决策，即精准地根据用户行为、属性、业务等触发调研，配置好调研触发渠道、触发时机、权重等。数据应用是关于如何有效地将收集到的数据与系统结合的过程，只有有效的数据应用才能支持业务决策和服务体验的不断优化。上述三个环节彼此呼应、相互关联。

角色及权限配置则是要满足各个企业多种角色、权限的需求，化复杂的组织架构于简单的配置管理，通过角色的功能、数据权限的分配达到多种管理效果。例如，不同角色查看不同看板、不同角色接收不同等级的预警信息、不同角色查看不同等级的行动报告等。看板分享可以跨角色、跨权限进行，灵活分配看板给其他有关角色。

6.2.2 分析洞察智能化，捕捉动态需求

"分析洞察智能化"是指通过先进的数据分析技术和人工智能来提取、分析和转化大量的客户数据和反馈信息，以获得深刻的见解和洞察。这种智能化分析方法旨在帮助企业更好地理解客户需求、识别问题、发现机会，包括"基于业务旅程的模型+算法"和"按角色构建的看板"两部分内容。

1. 基于业务旅程的模型+算法

"基于业务旅程的模型+算法"指的是一种服务体验量化方法，这个方法结合了业务旅程映射和数据分析算法，能够更好地理解客户的互动方式、需求和痛点。

企业需要绘制用户在与其互动时的整个旅程地图，包括客户与企业的各种接触点，如认知、了解、获取、使用、反馈等。在业务旅程映射之后，需要收集与每个接触点相关的数据，包括客户反馈、交易记录、网站分析、社交媒体反应等，这些数据将用于进一步构建数据模型，形成全面的体验洞察。

目前较为常用的模型为净推荐值指标模型。净推荐值是一种广泛用于评估客户满意度和忠诚度的指标，由贝恩咨询公司创始人佛瑞德·赖克霍（Fred Reichheld）于2003年首次提

出，如图 6-10 所示。净推荐值通过一个简单的问题来度量："您愿意将我们的产品/服务推荐给朋友或同事吗？请从 0~10 分打分。"通常情况下，打分在 0 到 6 分区间的用户被视为"批评者"（Detractors），7 到 8 分的用户被视为"中立者"（Passives），而 9 到 10 分的用户被视为"推荐者"（Promoters）。净推荐值的计算方法非常简单，它是"推荐者"百分比减去"批评者"百分比所得到的一个分数。这个分数的范围可以从 -100 到 +100，越高的净推荐值分数通常表示客户满意度越高，越低的分数则表示客户对产品或服务的看法越负面。例如一份净推荐值问卷结果显示 18 人是推荐者（9 到 10 分），50 人是中立者（7 到 8 分），32 人是批评者（0 到 6 分）。那么净推荐值分数就是 -14 分。净推荐值目前被广泛用于各行各业，因为它简单易懂，能够提供一个快速了解客户满意度和忠诚度的方法。此外，净推荐值还有助于企业识别哪些客户可能成为品牌的拥护者，哪些客户可能存在潜在的问题，可以帮助企业采取有针对性的措施，改善产品和服务，实现更高的客户忠诚度和口碑传播。

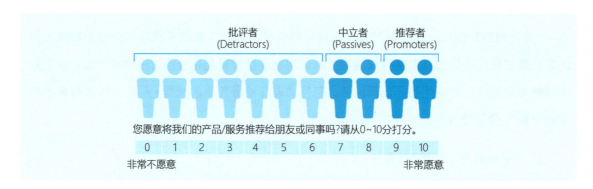

图 6-10　净推荐值

在数据采集的基础上使用数据分析算法来深入挖掘用户行为的模式、情感倾向以及关联性，从而构建用户画像、识别关键趋势、问题点和机会，可以为企业提供更全面的客户洞察。企业通过用户行为数据和精准用户调研，可以准确把握用户的生理、社会、态度、行为、业务属性，更准确地理解客户的需求、偏好和行为，在此基础上构建服务体验指标健康度模型，通过配置权重和智能算法来揭示不同用户群体之间的差异和共性、构建动态用户画像，从而更精确地进行定位市场细分，以针对不同用户群体制订更有针对性的改进策略，如

图 6-11 所示。例如，针对重要培养用户，企业可以向其提供个性化的促销活动、奖励机制等，激发其购买兴趣；针对重要价值用户，企业可以为他们提供高级会员权益、专属服务热线、定制化产品或服务以及提前获得新产品的机会等，提高其忠诚度；针对重要挽留用户，企业可以提供诱人的回购优惠、道歉和补偿措施等，重新建立信任，另外企业还可以积极收集和分析这些用户的反馈，了解他们离开的原因并采取相关措施。

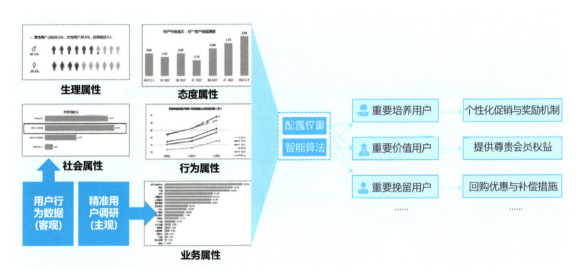

图 6-11　动态用户画像构建

浙江大学华南工业技术研究院用户体验创新研究中心采用了北极星指标驱动算法计算客户旅程中影响指标的关键因子，如图 6-12 所示。基于净推荐值、满意度构建了体验模型，并利用独创的驱动算法穿透各类中间环节，基于大量数据实时测算出影响北极星指标的关键因子及权重，及时给出优化建议。区别于传统归因算法，驱动算法基于大数据计算，计算更加及时且无需人工干预，并且可用于战略框架（企业战略的净推荐值），以及战术框架（某类活动的净推荐值）的体验评估。

2. 按角色构建的看板

为了监测体验数据、提供深刻的洞察和决策支持，需要构建多层级全景视角的指标看板。这种指标看板包括了多个关键性能指标，这些指标反映了客户体验的各个方面，包括客户满意度、净推荐值、问题解决时间、响应速度、客户投诉率、客户流失率等。关键性能指标通常被绘制成易于理解的图表和图形，企业可以通过这些可视化数据快速了解客户体验的整体状况。并且这些指标看板通常要提供多层级的视角。从高层级的企业总体视角开始，逐步细化到不同部门、产品、服务、地理位置或客户群体等子层级。不同层次的管理人员和团队可以深入了解他们责任范围内的客户体验情况，识别问题和机会，采取针对性的改进措施。

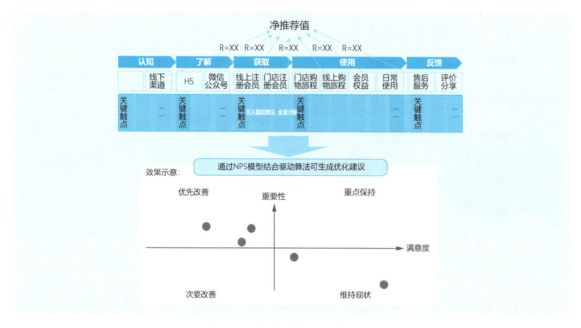

图 6-12　北极星指标驱动算法示意

指标看板在管理层、业务层和执行层之间起到了桥梁的作用，它为管理者提供了全景视角，为业务角色提供了关键数据和洞察，为执行角色提供了及时的反馈，从而协助整个组织更好地管理和优化客户体验，如图 6-13 所示。具体来讲：针对管理层，指标看板可以帮助管理角色以全景视角查看所有触点中的客户体验和反馈。通过这个看板，管理者可以涉足不同业务部门和触点，深入了解客户体验的全貌，识别问题和机会，并制订全面的策略来改善客户体验。针对业务层，关键是将相关业务的关键指标和重要洞察呈现在看板中，包括哪些关键场景的满意度影响较大，以及其他与业务相关的关键数据等。业务角色可以基于上述数据及时了解业务绩效，发现问题和机会点，并采取相应的行动。针对执行层，他们需要能够在看板中及时了解具体实施的优化效果，这可以通过在看板中跟踪关键指标和结果来实现。这种全景视角的数据驱动方法是服务体验管理中的关键工具，有助于企业识别服务体验管理中的问题、瓶颈和改进机会，制定针对性的改进策略，提高客户满意度，增强客户忠诚度，最终实现业务增长。

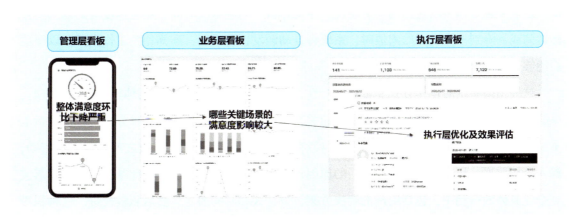

图 6-13　指标看板示例

另外，针对关键性能指标的数据还要通过对比的方式呈现。一方面，要在时间维度上进行对比，例如每日、每周或每月的变化，识别季节性趋势、长期变化和与特定事件相关的影响。这种时间趋势分析有助于企业了解其客户体验在不同时间段的表现，从而更好地规划和调整策略。另一方面，也要在行业内进行对比。企业将自身的表现与竞争对手或行业标准进行对比，有助于确定其在市场中的定位和竞争力，从而制定长线和短线发展战略。除了以上提到的功能外，这种多层级全景视角的指标看板通常还包括异常检测功能，用于标识关键性能指标中的异常值或异常事件，以及允许用户根据需要进行筛选、排序等来查看更详细的数据或特定感兴趣的指标。

6.2.3　体验驱动价值化，助力敏捷迭代

针对关键指标可设置预警，针对该指标超低分的客户可以发起预警，通知相关工作人员进行及时处理，了解超低分的原因，并及时消除用户抱怨，帮助企业迅速响应用户，积极解

决问题，提高口碑传播。"预警及通知"和"行动及闭环"共同构成了维护用户满意度和持续改进的重要流程。

1. 预警及通知

"预警及通知"是指及时监测关键指标和客户反馈，在出现异常或负面趋势时发出警报。这些关键指标可以包括用户满意度、净推荐值、问题解决时间、响应速度等。当这些指标达到或下降到事先设定的阈值时，系统将自动触发预警机制，通知相关工作人员，以便他们能够迅速采取行动。

这种预警系统的运作方式非常有针对性，如图6-14所示。当用户的体验降至超低分时，系统不仅会记录该事件，还会即时通知相关工作人员。通知可以通过各种方式进行，包括电子邮件、短信、即时通信工具等。企业可以在用户抱怨和不满情绪扩散之前迅速采取行动，深入分析数据、用户反馈和事件背后的原因，并确定问题的优先级。在此基础上将问题落实到企业具体的行动中，包括明确的解决方案、责任人和时间表等，然后积极改进。这种积极的响应方式不仅能够迅速平息用户的不满情绪，还能提供机会，将不满用户转化为满意的忠实用户。在问题得到解决后，企业也要对整个过程进行反馈和学习，提高类似问题的处理效率，预防未来类似问题的发生。

图 6-14 预警通知示例

通过这种预警和快速响应的机制，企业能够更好地维护用户关系，减少用户的流失率，提高用户满意度。同时，及时解决问题还有助于防止负面口碑的传播，维护企业的声誉和信誉。用户看到企业在出现问题时能够快速采取行动，通常会感到被重视和尊重，这有助于建立更牢固的用户关系，增加用户的忠诚度，并促使他们积极参与口碑传播，为企业赢得更多潜在用户的信任和支持。这种积极的预警和响应机制成为提高企业服务质量和竞争力的重要一环。

2. 行动及闭环

传统的服务体验评估和优化通常受到部门和职能的限制，主要关注于单一环节或单一触点的体验改进，导致了企业内部各部门和渠道之间的割离问题。这种做法无法有效地满足用户的期望，因为用户无论在哪个环节或触点遇到问题，都会认为是整个企业的问题。此外，大多数传统体验监测方法无法实现实时监控和及时解决用户抱怨，也难以建立完整的服务体验闭环管理体系。为了解决这些问题，现代企业越来越倾向于以用户为中心的服务体验管理方法。这种方法不再局限于特定部门或触点，而是将服务体验视为整个企业的核心任务，致力于打破部门和渠道之间的壁垒，实现全面的体验优化。

在这种以用户为中心的服务体验管理方法下，企业将用户的满意度和忠诚度置于首要位置，不再局限于单一的部门或渠道。它以用户旅程为基础，通过整合企业内部各个部门，实现内外协同的全面用户管理闭环，从而形成一个连续的、循环的体验管理闭环，如图 6-15 所示。

图 6-15　服务体验管理行动持续迭代的闭环

这个闭环管理贯穿于整个用户旅程，涵盖了品牌、市场、营销、产品、运营和服务等各个环节，如图 6-16 所示。市场方面包括品牌建立和市场战略的制定，确保品牌形象和市场定位与用户期望一致；营销方面涵盖了渠道推广和销售策略的执行，确保产品或服务的顺利推向市场；产品方面包括规划、开发和设计，确保产品符合用户需求和期望；运营方面涵盖策划会员权益、销售活动等，维护用户忠诚度；服务方面包括资讯、售后服务及用户投诉等，保证客户在购买后得到及时的支持。

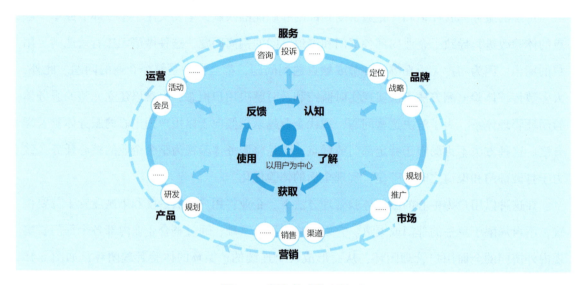

图 6-16　服务体验管理闭环

整个服务体验管理闭环在用户旅程中形成一个循环，用户的反馈和体验数据不断被采集和监控，企业根据这些数据及时采取行动，对产品、服务和市场策略进行调整和改进。这样的循环过程有助于企业更好地理解用户需求和期望，不断提升用户体验，提高用户忠诚度，并最终实现市场的持续增长。

6.3　价值层：服务体验管理之"质"

价值层是服务体验管理之"质"。所有行动的最终目标都是要创造价值，既包含用户本身层面的个人价值（Personal Value），也包含促进产业及服务溯源与分析的商业价值（Business Value），在产业数字化与数字产业化并行推进的今天，数据驱动的服务体验管理更要考虑其所能带来的深远社会价值（Social Value），如图 6-17 所示。

图 6-17 服务体验管理价值层

6.3.1 拥抱多元个体，新需求带来新机遇

服务体验管理强调以用户为中心且持续改进优化，它不仅关注用户的多样性，还鼓励开放的反馈机制和灵活的服务创新模式，具有强大的潜力，可以拥抱多元个体并挖掘新需求，从而为企业发展创造新机遇。

服务体验管理将用户置于核心位置，用户不是一个统一的整体，而是由各种多元个体组成的，每个个体都具有独特的需求、背景、价值观和文化。服务体验管理的理念是通过深入了解和尊重每位用户的个性来提供服务，这意味着企业需要灵活地调整服务以满足不同用户的需求，而不是采用一种标准化的、一刀切的方法。通过对多元个体的理解和尊重，服务体验管理可以建立更紧密的用户关系，增加用户的满意度和忠诚度。

在以用户为中心的前提下，服务体验管理还强调用户反馈和迭代优化。它鼓励企业主动收集用户的反馈和建议，无论是通过调查、在线评论还是社交媒体等渠道。这种反馈机制使企业能够更好地了解用户的期望、痛点和需求。通过分析这些反馈，企业可以识别出新的机会和问题、有针对性地改进服务，从而创造新的价值和机遇。

服务体验管理也是一种持续改进的文化，倡导灵活性和创新。一方面，它认识到市场和用户需求是不断演变的。在这种创新模式下，企业必须密切关注市场趋势、竞争动态以及政治、社会和文化的变化，并定期审查和更新他们的服务策略，提前预测新的需求和机遇。另一方面，服务体验管理离不开技术的支持，随着智能化技术的不断精进，寻找提高服务质量的新方法也是重中之重，包括改进现有的服务流程、引入新的技术和工具、提供个性化的解决方案，以及开发全新的产品或服务等。这种灵活性和创新有助于企业更好地适应不断变化的市场和客户需求。

6.3.2 赋能企业发展，构建新兴产业生态

服务体验管理不仅是企业提高竞争力的关键要素，还是构建新兴产业生态的重要驱动力。从精确洞察市场需求到吸引用户、推动创新和建立生态系统，服务体验管理都对企业和新兴产业的成功发展产生了积极影响。

服务体验管理在今天的商业环境中是不可或缺的战略要素，在提高企业竞争力方面发挥着至关重要的作用。通过深入了解用户的需求、期望和反馈，企业能够精确地针对市场定位和产品开发进行调整，确保产品或服务能够满足用户的实际需求。这不仅可以提高用户满意度，还能够促使用户更愿意长期忠诚于企业，降低用户流失率，从而稳固市场份额。通过研究用户行为和反馈，企业可以识别和解决潜在的问题和瓶颈，提高产品的易用性和可用性。这不仅提高了用户的满意度，还减少了用户遇到问题的机会，降低了维护用户所需的成本。另外，用户更愿意与提供良好体验的品牌建立长期关系，他们会积极推荐企业的产品或服务给他人，从而扩大企业的市场影响力。这种口碑传播不仅降低了市场推广的成本，还为企业带来了更多的潜在客户。通过持续监测和分析服务体验数据，企业还可以及时识别市场趋势和用户需求的变化，并迅速调整战略，推出新产品或服务。这种灵活性和适应性使企业能够在竞争激烈的市场中保持竞争力，不断寻找增长机会。

在提高竞争力的基础上，通过不断改进服务体验，企业能够不断适应市场变化，创新业务模式，探索新的增长机会，实现可持续发展。具体来讲，通过深入了解用户需求、期望和行为，企业可以在新兴领域中精确把握市场机遇，根据市场动态快速调整产品或服务。这种敏捷性是在竞争激烈的新兴市场中生存和成功的关键。其次，在新兴产业中，服务体验的优越性可以成为企业脱颖而出的重要因素。提供卓越的服务体验可以吸引早期采用者，并帮助企业建立品牌声誉和用户忠诚度。这些早期用户不仅成为企业的忠实支持者，还可能在社交

媒体中传播积极的信息，扩大企业的市场份额。另外，通过不断收集和分析用户反馈和行为数据，企业可以发现新的市场机遇和用户需求，探索新的商业模式，并在新兴产业中占据领先地位。还有很关键的一点是，在新兴产业中，合作和共享资源变得至关重要。通过提供优秀的服务体验，企业可以吸引更多的合作伙伴和参与者，建立生态系统，共同推动行业的发展。这种生态系统可以促进知识共享、资源整合和市场合作，为企业和整个新兴产业创造更大的价值。

6.3.3 立足顶层建设，数字化孵化新格局

在当今新时代，国家的经济发展战略已经发生了显著转变，特别强调抓住数字化产业和产业数字化带来的机遇。在这一新的战略方向下，国家正在积极加速新型基础设施的建设，其中包括5G网络和数据中心等，这些设施将成为数字经济和新兴产业的关键支撑。此外，国家还积极布局战略性新兴产业，如数字经济、生命健康和新材料等，这些领域将成为未来经济增长的引擎。同时，国家还加大了对科技创新的投入，致力于培育和发展新的增长点，以形成新的发展动能。在这个新时代，不论是哪个行业，用户及其体验都是关注的焦点。这是因为服务体验不仅仅是产品或服务的一部分，它已经演变成了企业成功的决定性因素之一。

在数字化时代，服务业占据了国家经济的重要地位，包括金融、医疗保健、教育、零售和娱乐等领域。这些服务的成功和竞争力在很大程度上取决于服务体验的质量。通过不断改进和创新服务体验，企业能够更好地应对市场需求的变化，提供更加智能、便捷和个性化的服务，提高市场份额，并实现可持续的增长，这对于数字经济的繁荣至关重要，不仅有助于提高国家数字经济的竞争力，还有助于培育新的产业和业务模式，为经济增长注入新的动力。

另外，服务体验数据包含了丰富的信息，通过分析这些数据，国家能够更好地了解市场趋势、用户需求和行为模式。这种数据驱动的决策有助于国家更智能地配置资源，优化政策，提高政府服务效率，进一步推动数字经济的发展。放眼全球，在全球数字经济竞争激烈的环境下，服务品质和服务体验成为吸引外国投资、促进出口和国际合作的关键因素。一个具有卓越服务体验的国家能够更好地吸引外商投资，推动跨境电子商务，促进数字贸易，并

在国际市场中占据更有竞争力的地位。

服务体验管理不仅是企业成功的关键，也是国家数字经济繁荣和未来经济增长不可或缺的一部分。通过不断提升服务体验质量、促进创新和数据驱动决策，国家能够更好地应对并抓住数字化时代的挑战和机遇，为经济的可持续增长奠定坚实基础。随着科技的不断发展，服务体验的重要性将进一步增加。虚拟现实、增强现实、人工智能等新技术正在不断涌现，将为用户提供更丰富、更沉浸式的体验。因此，无论从企业的角度还是国家的角度，关注和改善服务体验都具有极其重要的意义。只有通过持续的投入和努力，才能在数字化时代实现可持续的成功和繁荣。

6.4 服务体验管理典型案例

一般而言，服务体验管理平台具备从研究咨询、设计创新到开发落地等综合功能，以净推荐值及北极星指标等为导向、以数据—分析—洞察—行动为路径进行服务体验管理，为中小微企业、连锁大型企业、银行、国企、学校等各类企事业单位提供端到端的用户服务体验管理整体解决方案。

6.4.1 某汽车厂家应用系统标准化服务体系建设

信息化部门是支撑企业全业务域的信息化建设的部门，传统制造业内部的信息化产品对服务体验的要求也日趋提高，由于系统繁多，通用统一的服务体验评估体系的需求便提上日程。该企业期望在云端部署下建立通用的 B 端软件体验管理体系，量化体验管理目标，打造体验管理闭环。

在深入了解企业需求后，制定了从"通用的客户体验指标体系"向"精细化体验指标体系"深化、从"全面的体验监测系统"向"智能的体验管理平台"提升、从"系统运营和体验提升"向"标准体验服务和行动策略"发展的战略目标，具体行动路径分为发现、定义、设计、交付四步，如图 6-18 所示。

（1）发现（Discover）

通过桌面调研、用户访谈、问卷调查和数据埋点等多种方式进行研究和分析，深入了解

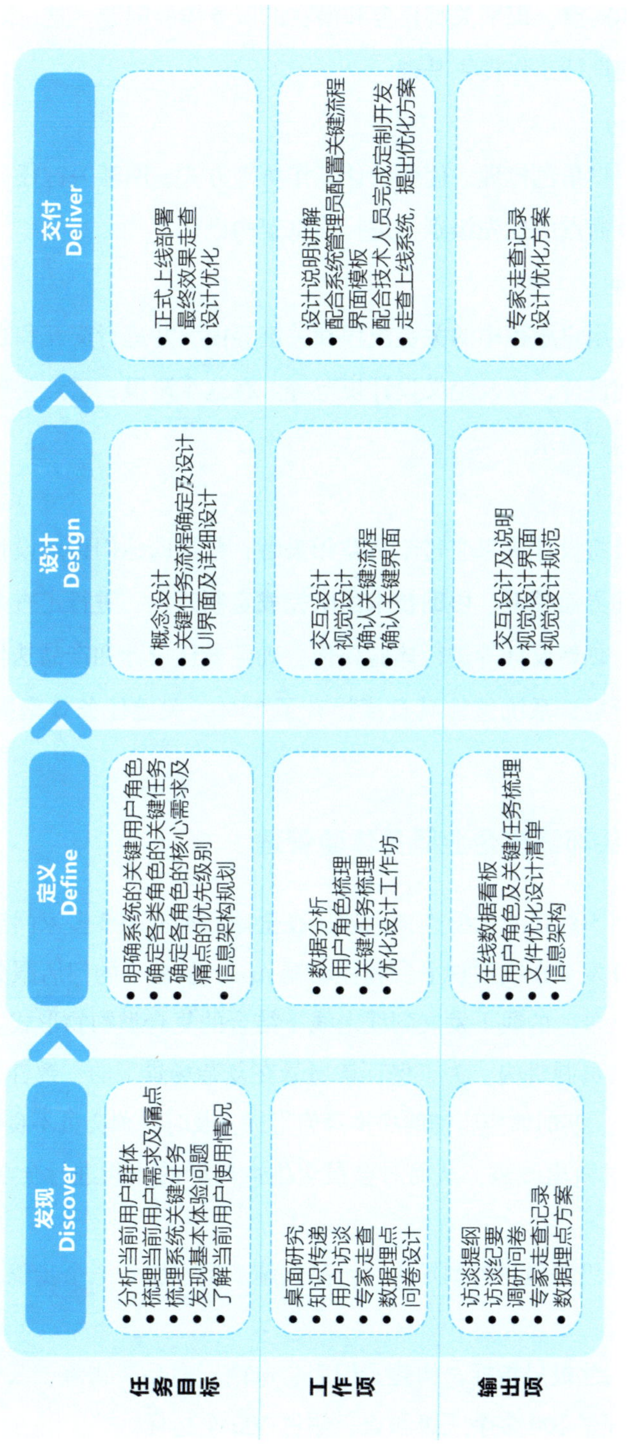

某汽车厂家应用系统-服务体验优化案例

	发现 Discover	定义 Define	设计 Design	交付 Deliver
任务目标	• 分析当前用户群体 • 梳理当前用户需求及痛点 • 梳理系统关键任务 • 发现基本体验问题 • 了解当前用户使用情况	• 明确系统的关键用户角色 • 确定各角色的关键任务 • 确定各角色的核心需求及痛点的优先级别 • 信息架构规划	• 概念设计 • 关键任务流程确定及详细设计 • UI界面及详细设计	• 正式上线部署 • 最终效果走查 • 设计优化
工作项	• 桌面研究 • 知识传递 • 用户访谈 • 专家走查 • 数据埋点 • 问卷设计	• 数据分析 • 用户角色梳理 • 关键任务梳理 • 优化设计工作坊	• 交互设计 • 视觉设计 • 确认关键流程 • 确认关键界面	• 设计说明讲解 • 配合系统管理员配置关键流程界面模板 • 配合技术人员完成定制开发 • 走查上线系统，提出优化方案
输出项	• 访谈提纲 • 访谈纪要 • 调研问卷 • 专家走查记录 • 数据埋点方案	• 在线数据看板 • 用户角色及关键任务梳理文件 • 优化设计清单 • 信息架构	• 交互设计及说明 • 视觉设计界面 • 视觉设计规范	• 专家走查记录 • 设计优化方案

图 6-18 某汽车厂家应用系统-服务体验优化案例

目标用户群体的需求和痛点，识别关键任务和潜在的服务体验问题。这一阶段的目标是发现问题和机会，为后续的设计工作提供基础。

（2）定义（Define）

通过数据分析、用户角色梳理、优化设计工作坊等方式，明晰关键任务与实施角色，确定各角色的核心需求及痛点的优先级别，进行信息架构设计。

（3）设计（Design）

在设计阶段，确定用户旅程中的关键流程和关键界面，并进行交互和视觉设计，包括创建交互设计文档和界面设计，以及定义设计规范等。在这个阶段，重点是确保用户界面的易用性和可视化，满足用户需求。

（4）交付（Deliver）

最后一个阶段涉及将设计成果交付给利益相关者，包括向他们讲解设计说明、协助系统管理员配置关键流程和界面模板、协助技术团队完成定制开发、进行走查并上线系统等。另外，还需要对新功能、创新设计等进行体验评估，确定最佳设计和产品迭代方向。

本项目实施 3 个月后，系统整体满意度提升了 25%，关键任务效率提升了 10%，关键任务错误率降低了 10%。

6.4.2 某全球头部零售企业服务体验管理

某大型企业是世界 500 强的大型连锁商超，在全球已拥有 800 多家门店，随着互联网的发展，该企业同时也开发了在线购物平台和移动端 App，从单一的门店服务跨入到复合渠道服务，购物的形式也从单一的线下发展到线上线下结合的复合型购物形式。该企业的愿景是成为全球最有价值的会员制机构，为了保证该愿景在复杂场景下的一致性，该企业打算启动顾客服务体验管理平台，实时监控店铺的净推荐值指标，及时处理会员不良反馈，指导各部门根据净推荐值指标及时做出改进，从而对会员全生命周期的体验进行全触点的评估、优化、管理。

该项目的具体实施思路包括咨询导入、产品实施、数据服务三个步骤，如图 6-19 所示。

（1）咨询导入

明确以净推荐值为北极星指标，构建了门店、电商、商品、物流、云仓、售后、服务等多个二级触点，共梳理了 100 多个三级触点，超过 300 个指标。

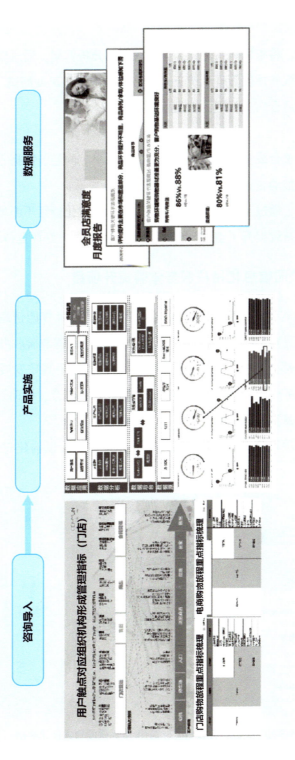

图 6-19 某全球头部零售企业服务体验管理优化案例

（2）产品实施

以用户旅程为基础，将指标体系转化为企业视角的分析框架。通过软硬件环境部署、数据安全、压力测试后，服务体验管理系统正式部署，部署通过灰度测试（小范围店面上线）取得良好的效果，成了适合店长管理的有力工具。

（3）数据服务

将散状分布的触点整合成统一监测平台，并连接调研、问卷、数据看板，实现及时和长效的体验管理双闭环，推动企业员工积极改善体验。

该项目实施半年多，通过基于用户旅程的各关键触点优化持续不断地提高净推荐值及客户体验，使得净推荐值持续提升了10个点，会员续卡率及客户好评也持续上升。

6.4.3 某高校校园信息化用户服务体验提升项目

某全国知名大学，早在2007年就印发了《关于进一步加强校园信息化统一协调和资源共享机制建设的若干意见》，制订了信息化建设项目立项、管理与验收办法。教育信息化是国家信息化的重要组成部分，校园信息化建设状况对衡量一个高校发展水平也是至关重要的。该高校希望能将服务体验管理与高校信息化产品建设相结合，帮助管理人员制定重大决策，驱动高校内部服务意识及能力的提升。

项目整体思路包括项目分析、指标体系构建、决策数据看板构建三个步骤，如图6-20

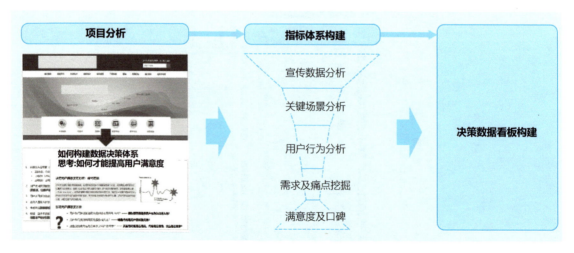

图6-20 某高校校园信息化应用-服务体验管理优化案例

所示。通过关键场景探寻、关键任务确定、关键指标挖掘、体验指标建立、权重系数确定，迅速地构建服务体验管理体系，形成以用户数据为基础，能够快速分析和决策、推动高校快速且持续地优化师生体验，同时评估体验优化效果的全面服务体验管理平台。

引入了体验管理云平台后，该高校用户的整体满意度达到了96.86%，有了大幅度提升。在服务体验管理平台的帮助下，用户能够及时了解师生线上线下的行为与反馈，让以前的信息化建设"黑洞"透明化，这为学校信息化服务体验的提升提供了强大的技术支撑。

6.4.4 某上市餐饮公司全国连锁店全面体验管理解决案例

某上市餐饮公司已在江、浙、沪一带及全国各地开设了近千家连锁、联销店，并成功打入日本市场。随着业务的扩大，为了保证各种类型的连锁店能给消费者统一的体验，该公司启动了从线上到线下餐饮连锁店的服务体验管理计划。该公司的业务需求包括持续有效地维系用户忠诚度，提高活跃率和复购率；吸引新老用户，保持每月的新鲜度，打造亮点菜品体验；对直营店、联销店实现透明化管理，保障各个店的体验一致性；及时管控用户评价，提升品牌在社会化媒体中的影响力。

为了响应公司业务需求，制定了从"用户旅程及触点梳理"到"构建SaaS平台餐饮连锁店的通用看板"再到"形成餐饮连锁店的SaaS解决方案"的实施方案，如图6-21所示。

图6-21 某上市餐饮公司全国连锁店-服务体验管埋优化案例

（1）用户旅程及触点梳理

从主客观数据入手，梳理用户线上线下餐饮及购物旅程，识别关键触点150个，各类管理指标200多个。在调研过程中设计了相关问卷矩阵，在各个关键触点触发，全面收集体验问题。基于门店餐饮、服务、购物、物流到售后的体验全流程，构建了基于净推荐值的全面体验指标体系，在此基础上建立了包含所有关键业务场景的各类业务模型，例如线下门店餐饮旅程模型、线上购物模型、售后服务模型、会员体验模型等。

（2）构建 SaaS 平台餐饮连锁店的通用看板

基于净推荐值指标体系和大数据驱动权重算法，构建了基于店长、运营、采购、客服等多个部门多种角色的 50 余张数据看板，帮助店长、运营等各类角色及时洞察各个关键指标的变化，了解用户反馈，积极和客户互动，消除用户抱怨，提升用户美誉度。

（3）形成餐饮连锁店的 SaaS 解决方案

数据洞察最终要落实到企业的具体行动中，针对每月新出的菜品、线上单品等进行同步的体验反馈调研，及时跟进用户反馈，积极优化产品以获得更高的传播率；对新品的关键指标，如净推荐值、满意度、复购率等进行监控，了解体验口碑与实际销售的相关性；帮助产品端迅速了解用户需求和反馈，快速精准地打造爆品。

体验管理平台实施 9 个月后，核心指标上升明显，其中净推荐值超过了业界标准，线下餐饮满意度提升近 20%，新客流量和用户复购率也得到了大大提升。

第7章

内生生长,外生进化:服务体验管理的未来

未来已来!未来服务体验管理将朝着内生和外生两个方向发展。内生上,将通过数据和算法的智能化运营来提高业务效率和提供更智能的服务;同时拓宽虚拟空间边界,创造新的体验机会,构建智能时代经济发展新格局。外生上,将打造不同利益主体的价值云共识,促进知识数据共享共创的价值云共生,实现高效协同、打破边界、共赢发展的局面。

7.1 内生代谢生长

内生代谢生长以数据智动化为根基,从用户生理、心理、人文社会三个层面协调机器与人的联结;以媒介虚拟化为抓手,无论是虚拟媒介、虚拟空间还是虚拟身份,数字化时代所构建的虚拟世界都带来更多的创新与机遇;以管理共建化为保障,企业需时刻洞悉用户需求变化,不断创新设计思路,打造全新经济格局,如图 7-1 所示。

图 7-1 内生代谢生长

7.1.1 以数据智动化为根基

未来的服务体验管理将朝着数据智动化的方向不断发展,这意味着服务体验管理不再局限于传统的方式,而是倚重数据科技的力量,以更智能、高效的方式来满足用户需求和提升服务体验。这一趋势的核心在于充分利用现代技术,如人工智能、大数据分析、机器学习等,将海量数据变为有价值的信息,从而更好地理解用户行为和需求。如果说自动化是机器按照设定好的程序进行计算和运行,那么智动化则不仅需要机器掌握已知的信息、学习已有的知识,更重要的是还要根据不同的实际情况生成有价值的信息、知识,触发合适的执行程序、行动方案，是理性逻辑推理与感性超逻辑判断的统一。从自动化到智动化的研究仍然需要围绕以人为本的核心理念，从用户生理、用户心理、人文社会三个层面协调机器与人之间的联结，增强对用户的服务体验管理，为未来带来更多创造性，实现更加可持续的发展，如图 7-2 所示。

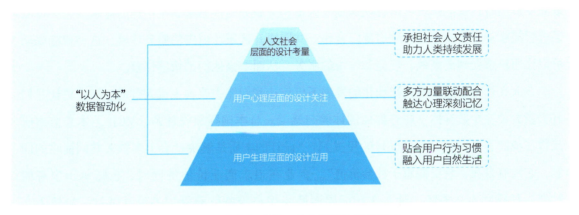

图 7-2　数据智动化：内生代谢生长的根基

在用户生理层面，数据智动化可以帮助企业更好地理解用户的生理反应和健康需求。通过传感器技术和健康监测设备，企业可以收集用户的生理数据，例如心率、体温、睡眠质量等，将智动化技术运用于人的生活起居、衣食住行，协调统一产品的物理条件与人的生理因素和场景需求，从而使用户与产品、系统的关系更加融洽，产品的功能设定与操作方法更贴合用户的行为习惯、符合人的思维逻辑，自然地融入用户的生活，给予用户一种"虽不时时记起，但却无处不在"的理想感觉。理解分析大数据捕获的用户行为，通过情感分析、个性化推荐和情感智能助手等技术工具，企业可以更好地与用户建立情感连接，为大众用户提供智能家装、智能驾驶等智动化领域的标准化模式套餐，减少用户的学习、决策成本，再进一步地为每一位用户提供定制化的服务。

在用户的心理层面，数据智动化可以深入了解用户的情感、情绪和心理状态。用户心理层面的认知认同与情感联结一直是用户服务体验管理的重要目标，体验经济下，品牌如何通过服务体验管理增强并提高用户的体验感受，给予用户积极且深刻的情感体验，使其成为一段难忘的记忆，是当下要考虑的重点问题。但一段完整的体验旅程大多包含多种不同的交互场景，存在多方面的不确定因素，难以以单一品牌之力将企业设定好的情境与实际生活中的状况相比拟，容易导致用户心理落差。在这种情况下，智动化技术的发展为解决这一挑战提供了新的途径。通过智能联动、个性化推荐和定制化体验，数据智动化在用户的心理层面可以帮助品牌更好地了解和满足用户的情感和心理需求。例如，当用户在旅游过程中遇到问题或需要帮助时，智能系统可以自动识别并调度相关服务提供商来满足用户的需求。企业可以通过智能联动与其他企业和政府部门合作，共同提升区域环境内的服务体验，这种智能联动可以让用户感受到更高效、便捷和愉悦的服务，从而增强他们的情感体验。

在人文社会层面，科技智动化的发展不仅仅让我们能去改善主流人群的生活，更让我们有力量去关注少数群体、弱势群体的体验与感受。日本国际级设计师、MUJI 艺术总监原研哉曾在他的著书《设计中的设计》里提到："设计的本质是解决社会上多数人共同面临的问题，它没有自我，它更侧重于社会价值"。企业在追求商业价值的同时，也需承担应有的社会责任感和人文关怀，对人文社会层面倾注用户服务体验管理的设计考量。当然人文社会层面的考量不仅局限于弱势群体，对于动物、环境的保护，非遗文化的传承，不同群体间的和谐交流，任何利于人类可持续发展的方向的发展都离不开服务体验管理更深层次的耕耘。

7.1.2 以媒介虚拟化为抓手

在数字化时代崛起之前，人们的经济生活主要依赖于实体物理世界。然而，随着数字孪生概念和相关技术的不断发展，包括传感器技术、智能装备、工业软件、工业互联网、物联网、云计算和边缘计算等在内的成熟技术的涌现以及商业实践的积累，我们已经进入了数字时代的新阶段。这个新的历史阶段不仅仅事关数字化，还包括了将数字技术与实体世界相融合的趋势。从部件到整机，从产品到生产线，从生产到服务，甚至从静态到动态，人类开启了通往另一维度空间的大门，构建了一个全新的虚拟世界。在这个数字时代，虚拟媒介不断孕育出更多模态的智能交互方式，扩展了虚拟空间的边界。未来，人们将逐渐扮演数字孪生和数字分身的新角色，创造新的机会，发展出新的产品、新的服务和新的体验。这将开启服务体验管理领域的全新篇章，为我们的经济生活带来深刻的变革和创新。这一进程将为企业和消费者带来巨大的机会，同时也将推动数字化和体验经济的融合，形塑未来的商业和社会格局，包括虚拟媒介、虚拟空间和虚拟身份等因素都将在这个新的时代中扮演重要角色，如图 7-3 所示。

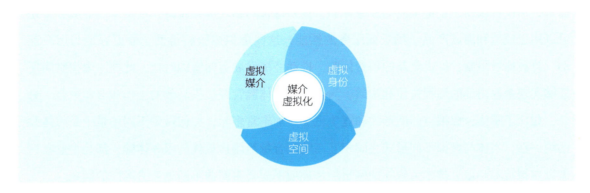

图 7-3　媒介虚拟化：内生代谢生长的抓手

虚拟媒介是数字技术和互联网的结合体，为用户提供了多样化、数字化的体验和互动机会。在工业时代，人们的交互媒介主要是实体形式的，如机械按钮、开关、旋钮等，需要物理操作来实现功能。到了数字化时代，交互媒介已经向图形用户界面转变，以触摸屏等形式广泛应用于各种电子产品。随着技术的不断发展，交互媒介正逐渐向三维自然空间转变，甚至在无需接触实体介质的情况下实现交互。而未来体验管理中的虚拟媒介是指利用数字技术和互联网连接，创造出虚拟的、数字化的媒介环境，以提供各种与现实世界相关的体验和互动。这些虚拟媒介可以包括虚拟现实（VR）、增强现实（AR）、虚拟社交平台、在线社区、数字化的内容创造与分享工具等。它们的共同特点是能够将用户从传统的物理空间转移到数字空间，为他们提供一种全新的、数字化的互动体验。交互媒介的改变生发出更多模态的智能交互方式，不仅可以带给用户全新的体验感受，还可以为企业提供更多创新和互动的可能性，使体验管理进入了数字化时代的新阶段。这也意味着企业需要更加注重数字化体验的设计和提供，满足不断演变的用户需求。

虚拟媒介的不断堆叠，交互方式的不断升级，会自然而然地营造出虚拟空间，衍生出全新的生活场景，改变人们的生活习惯，从而影响经济模式的转变。为了实现企业和顾客双重规模经济，并适应当今复杂多变的市场环境，企业的战略正在转变：从传统的追求规模经济的实体经营转向以内敛借力和契约经营为特色的虚拟经营。未来体验管理中的虚拟空间是指一种数字化的、模拟的环境,能够模仿现实世界或创造全新的虚构世界,让用户可以在其中进行互动、体验、学习、娱乐或工作。虚拟空间在未来的体验管理中具有巨大的潜力和应用前景,不仅可以用于创造全新的服务体验,提供虚拟购物、虚拟旅游、虚拟培训等服务,还可以用于模拟和测试产品、场景或服务的性能,这些虚拟体验将帮助企业更好地与用户互动,打破地域限制,提供全新的消费体验,推动经济发展迈向智能时代。此外,虚拟空间还能够实现企业内部的远程协作和沟通,为企业进行体验管理提供高效的工作和合作平台。另外,相比于实体,虚拟空间的形式和竞争也会更加丰富多元,如何做到不同场景中品牌体验的统一性,实体与虚拟不同形式之间相互高效配合带给用户最优的服务体验,都是企业在这个以虚拟技术和信息技术为依托的网络经济环境下需要重新并不断创新去考虑的问题。

虚拟身份则为用户在数字世界中建立了一个独特的存在,使他们能够参与各种在线活动和服务,如社交媒体互动、电子商务购物、数字娱乐等。自由度更高、更加多重、可能需要更加高频转换的虚拟身份,必然会衍生出更多新的需求和新的挑战。首先,虚拟身份可能会带有强烈的个人风格。用户不仅可以选择虚拟身份的外观、名称、头像等元素,还可以建立虚拟衣帽间或虚拟家园,个性化、定制化等需求会在虚拟空间进一步强化。其次,不同虚拟身份之间的转化可能更加频繁。现实世界中不同身份可能意味着完全不同的思维方式和行为模式,无缝转换会带来身心超负荷的疲惫感。而相较于现实,虚拟空间中的场景转换将更加便捷,不同虚拟身份之间也可能更加天差地别,需要思考如何平衡用户的使用体验,帮助用户更顺利地进行不同身份的转换。最后,需要注重虚拟身份与现实身份之间的关系。在不同使用场景下,用户是希望虚拟身份成为现实身份的延伸,还是希望使用虚拟身份保护真实身份信息,真实信息掩盖与保护的程度又要如何界定,这需要不同部门与组织共同的努力。

7.1.3 以管理共建化为保障

大数据驱动的服务体验管理已在各行各业展现出其在新时代发展下的功能性、创新性、可持续性,在推动经济发展的进程中发挥着重要的作用。伴随着互联网平台、人工智能技术、区块链的快速发展,融媒体、自媒体等平台在全球范围内迅速铺开,设计创新已不再是所谓设计专家团队的专属,而是基于网络信息空间逐渐从小范围的个体创新转向大范围跨学科交融的群体智能。想要进一步提高服务体验管理的效用价值,保障服务体验管理体系的可持续生命力，为用户长久地提供卓越的服务体验，需要从用户管理向用户共建转化。发挥用户的群智资源，在洞悉需求变化、创新设计路径、打造经济发展新格局三方面实现价值赋能，如图 7-4 所示。

图 7-4　管理共建化的三方面

当前社会技术不断变革，新兴事物不断涌现，用户的思想和需求必然也会在不断的接触、学习和反思中发生着持续性的动态变化。发挥群智的力量，鼓励用户的参与积极度，倾听用户的声音，有助于时刻关注不同层面、不同群体的需求变化。当然在很多时候，用户很难对心中的诉求进行直接、精确的表达，即需要通过大数据驱动，采集分析用户真实的行为感知数据，洞悉其行为变化下的心理需求，从而创造新的场景，丰富生产、生活、生态形式，进一步激活产业活力，引导用户拥抱极致体验。

结合大数据驱动的人工智能系统，打造成长性、共享性、坚韧性的网状结构。数据智能化将促进不同利益主体的合作，在这个新的格局下，企业将积极参与知识和数据的共享，与其他机构、行业和社会各界建立紧密的合作关系。通过辐射整个创新路径上的相关角色及角色间的关系网，转变相关角色身份与视角，从被动的旁观者转向积极主动的参与者乃至共建者。将创新设计任务从设计专家团队手中下放，发动并汇集更大规模、更广领域的参与者以自主协同的方式共同参与创新设计，从而实现跨越学科限制的群智共建。从管理到共建，有利于多学科领域技术资源的整合和思维模式的碰撞。这将有助于更高效地协同工作，打破传统边界，实现共赢发展，不仅可以促进服务体验设计理论、方法、技术的创新，还能为智能化时代新经济环境下的商业创新、管理创新、应用创新等提供核心驱动力。

另外，还要加强不同部门之间的协同共治，着力破解发展难题，培育发展动力，形成发展合力。协调好行业管控政策与市场运行机制之间的联系，充分发挥国家制度优势、市场优势、改革开放优势和科技创新优势，高水平多优势打造新发展格局。回应并满足用户的实际需求，提升场景服务质量和服务体验感受。加快资源流通，提升转化效率，考量产业结构，建立服务体验标准。加强与扩大国际产业链合作，创造条件、塑造动力，打造国际合作和竞争新优势，构建和稳固国内国际双循环的新发展格局。

7.2　外生协同进化

外生协同进化以价值云共识为基础，价值认同激发集体价值，价值认异促进创新多元，两者相互促进刺激企业不断发展；以价值云共生为发展路径，秉持开放信任的态度，重视知识共享，激励企业内部员工与企业外部资源共同创造；最后以价值云共赢为目标，放下竞争、跨界合作，打破边界、高效协同，如图 7-5 所示。

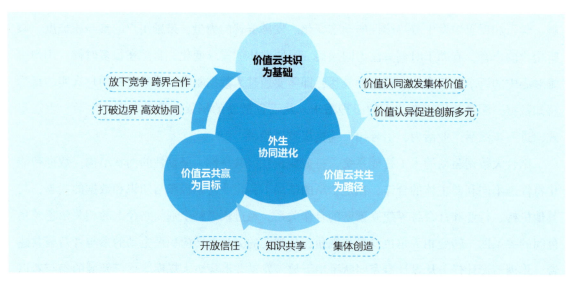

图 7-5　外生协同进化

7.2.1 以价值云共识为基础

随着互联网的发展，人们的交流更加高效、紧密，多元思想的相互碰撞对我们的价值观和生活方式产生了深刻的影响。不同利益阶层、不同利益主体的人或公司借助云共生的方式，在相互交往中所寻求的共同认识、价值或理想，即为价值云共识。价值云共识包含了两种基本状态，如图 7-6 所示。一是价值认同，即人们认同交往对方的价值观念，自觉或不自觉地赞同和接受其想法；二是价值认异，即使人们并不认同和接受对方持有的价值观念，也能够理解其产生的原因和根据，并因此包容、体谅和尊重它。它们二者是和谐世界的重要前提与保障，也是搭建多边共创产业平台，促进服务体验管理外生协同进化的基础。

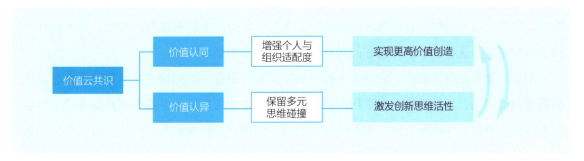

图 7-6　价值云共识

价值认同可以激发集体价值。随着数字技术的突破，以及人们消费模式和生活方式的快速迭代与转变，企业不再是孤立的个体，而是融入到了更广泛的生态系统中。这个生态系统包括了消费者、供应商、合作伙伴以及社会和文化因素等各个方面。在这个复杂的背景下，价值认同成了连接各个参与方的纽带和激发集体价值的关键。

一方面，数字技术的新突破使得信息的传递和交流变得更加容易和迅速，消费者的需求和喜好不再是静态的，而是不断变化和快速迭代的。企业需要不断适应市场的变化，迅速调整产品和服务，在此过程中，企业需要与供应商和合作伙伴建立更紧密的联系，共同迎接市场的挑战和机遇。另一方面，消费市场的多元化和个性化要求也催生了各种新型的组织形式。传统的商业模式可能已经不再适用，企业需要不断创新和变革。价值认同的概念将引导企业更好地理解他们的客户和市场，制定更符合用户期望的战略，从而实现市场份额的增长和业绩的提升。

价值认异促进创新多元。共识并不是完全一致，而是尊重差异、包容多样，对不认同的价值保持包容与尊重。在追求个性化、定制化的现在，更需要正视乃至珍视这种不同。不同的声音便意味着存在不同的需求、新的机会或暴露从前未被重视的问题。在一个多元化的社会中，人们拥有各种各样的观点和意见。这些不同的声音反映了个体和群体的多样性，也代表了他们对社会、政治、经济等方面的关注和期望。每个人都有自己的需求和利益，以不同的方式表达自己的声音。有人关心经济和就业，同时也有人在关心马达加斯加一只企鹅的命运；有人想在丛林中盖起高楼，也有人想在城市中开辟绿洲。这些不同的需求促使社会寻找平衡和妥协；这些新的声音和想法激发创新和进步，培养社会创新转型新思维，为企业和社会带来新的机会和发展。另外，在一个单一声音主导的社会中，某些问题可能被忽视或被边缘化。然而，当不同的声音被允许和鼓励时，人们可以提出那些被忽视的问题，并引起社会的关注和讨论，这有助于解决潜在的问题，推动进步和发展。

未来的服务体验管理将更加注重个性化和定制化的服务，不同的用户群体可能拥有不同的需求和价值观，通过理解并尊重用户的价值认异，企业可以提供更符合用户期望的个性化服务体验。价值认异也可以促进用户参与和互动，当用户感到他们的不同价值观被尊重和包容时，他们更愿意积极参与品牌活动和社群互动。这种用户参与可以促进共创，带来更多的创新和改进，从而提升服务体验的质量。另外，价值认异也有助于发现新的机会和问题。不同的观点和意见可以引发对社会、市场和行业的不同看法。在未来服务体验管理中，这些不同的声音可以促使企业寻找新的机会，解决未被重视的问题，并推动创新和进步。更重要的是，未来服务体验管理需要建立一个多元化和包容的环境，只有在这样的环境下，不同的价值认异才能得以表达和尊重。这将有助于建立更加开放和包容的社会，推动企业和社会朝着更加多元、创新和可持续的方向发展。

企业借助云共识的方式组建价值认同的团队创造更高的集体价值，同时营造价值认异的开放态度，无论是在企业内部还是在社会大环境中，保持思想的多维碰撞，激发更多的创新。两者相互促进，相辅相成，融汇与优化，奠定外生协同进化的基础。

7.2.2　以价值云共生为路径

建立价值共识的个体与组织要如何实现两者利益最大化，形成价值云共生？首先服务体验管理要以数据云迁移为操作前提，将相关程序和数据从公司本地服务器上传至公有云服务器，进行统一的转化和保存，方便读取和运用。其次需建立开放与信任的服务体验管理机制要求，突破个体心理因素，建立相互信任的氛围。服务体验管理需要从个体创造转向集体创造，这意味着个体和组织需要协同工作，共同参与服务的设计、创新和提供过程。通过集体的智慧和协同努力，可以更好地满足用户的需求，提供更具竞争力的服务。这是企业提高效率长远发展有效举措，也是服务体验管理外生协同进化的发展路径。

信息互通是协同进化的前提。信息互通能够加速知识传播和共享，通过信息的自由流动，个体和组织可以更快速地获取各种资源，包括知识、数据和经验。不仅可以避免重复工作，提高工作效率，同时也能够更好地利用集体的智慧来解决问题，实现创新。基于此，个体和组织可以更好地识别市场趋势、竞争对手的动向，从而更好地应对外部环境的不确定性。

随着物联网、大数据和人工智能等技术的广泛应用，企业将产生更多的数据和信息，企业内部需进一步建立合理统一的服务体验管理云端信息管理系统，将相关程序和数据进行云迁移，从而能更方便地进行管理和维护，也能更便于员工进行调取和运用。这一系统将支持数据驱动的决策、灵活的工作方式、个性化服务和信息安全，为企业提供竞争优势，推动创新和增长。

服务体验管理需要从个体创造转向集体创造，如图7-7所示。传统上，服务的创新和提供往往是由个体来完成的，但在数字化时代，个体和组织需要更多地协同工作，共同参与服务的设计、创新和提供过程。个体智慧受到个体思维和偏见的局限性，为解决更高难度的问题，需要将个体智慧转化为群体智慧，由单枪匹马的个体创造转变成众志成城的集体创造。一方面，个体对问题的考虑往往带有特定的个人习惯和强烈的主观色彩，难以从多个角度看到问题的全貌。但利用这个特性，只要构成集体的个体基数足够多，集体就可以获得多个角度和维度对问题的解析，从中做出最优的选择。另一方面，个体思维往往是连续的，更适合用于论证事实，而群体思维则是离散的，因而常常用来发现事件中的创新机会点，这种创新机会点对企业来说至关重要。通过集体的智慧和协同努力，可以更好地满足用户的需求，提供更具竞争力的服务。这种协同努力可以包括跨部门的合作、与外部利益相关方的互动以及组织内部的知识共享等。通过这种方式，个体和组织可以共同创造更大的价值，实现利益最大化，形成真正的价值云共生。

图 7-7　个体创造与集体创造的特点分析

基于此,未来的服务体验管理应该朝着更加注重群体智慧和集体创造的方向发展,构建协同合作的生态系统,鼓励和支持多个个体和组织之间的合作和协同工作,充分利用多个个体和组织的智慧和资源,使不同的参与者能够共享信息、资源和创意,为用户提供更具创新性和多样化的服务。

7.2.3　以价值云共赢为目标

在社会和商业环境快速演变的背景下,竞争不再是唯一的动力,共同协作、共享资源、共创创新成了主导趋势。在这一背景下,共赢的概念涵盖了多个维度,如图 7-8 所示。

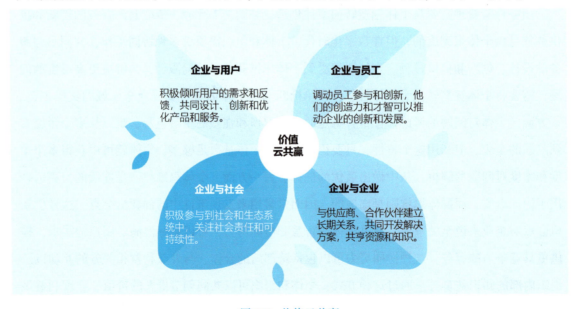

图 7-8　价值云共赢

共赢意味着企业不再仅仅追求自身利润最大化，而是积极参与到社会和生态系统中，关注社会责任和可持续性；共赢强调了与顾客、用户之间的合作，企业不再仅仅是提供产品或服务，而是积极倾听顾客的需求和反馈，共同设计、创新和优化产品和服务；共赢还包括企业与合作伙伴之间的协作，企业不再孤立操作，而是与供应商、合作伙伴建立长期关系，共同开发解决方案，共享资源和知识。共赢还强调了员工参与和创新，企业认识到员工是最重要的资产，他们的创造力和才智可以推动企业的创新和发展。未来的服务体验管理将是一个多元化、多角色、多组织参与的过程，各方通过协同合作、知识共享和智能技术应用，共同创造更好的服务体验。

未来的服务体验管理将迎来数字技术全面融合的新时代，这一趋势将深刻改变我们与服务的互动方式。通过网络和新技术的高度整合，服务提供者可以实时连接用户，收集、分析用户的真实数据，深刻洞察他们在各种场景中的心理和行为变化以及需求变化，这有助于弥补不同人群之间的数字鸿沟，让更多人能够享受到数字化带来的便利。在这一过程中，服务体验管理需要建立同理心的管理模式，更好地理解和满足用户的需求，不仅注重功能性，还应注重情感联系，准确获取和表达体验的关键触点，引导用户传递体验诉求，提高转化效率，并扩大服务的覆盖范围。同时，还应建立设计价值评判体系和服务体验标准，确保服务的一致性和高质量，用户和企业在这个过程中相互受益，形成价值共创的双赢局面。

另外，未来的服务体验管理还应将搭建多边共创的服务体验管理公共服务平台，包括企业、顾客、合作伙伴、员工等多方参与者，借助人工智能方法、技术与工具以及区块链技术实现共同协作、分享资源、共创创新，推进全人类范围内的体验知识共享。引导更多的企业开放思维，结为互利互惠的共生伙伴，共同开拓生长空间、创新顾客需求、挖掘顾客价值。挖掘全民服务体验管理想法流，从单线条和多线条的创新设计模式向网络状的协同整合创新设计模式转型。同时加大关键技术研发、消费商业模式创新，构建新的服务体验管理生态系统，催化多产业融合发展协同共进，建立互利互惠、共赢共荣的内外合作机制，促进跨界、跨学科、跨组织形式的循环互动，实现价值云共赢的理想结果。

参 考 文 献

[1] 国家统计局. 经济结构不断优化 协调发展成效显著——党的十八大以来经济社会发展成就系列报告之十一[R]. 北京：国家统计局，2022.

[2] 国务院. 国务院关于加强数字政府建设的指导意见[EB/OL]. (2022-06-06)[2023-04-22]. https：//www.gov.cn/gongbao/content/2022/content_5699869.htm.

[3] REICHHELD F. Prescription for cutting costs[Z]. Bain & Company，2001.

[4] 新华社. 中共中央国务院印发《数字中国建设整体布局规划》[EB/OL]. (2023-02-27)[2023-04-25]. https：//www.gov.cn/xinwen/2023-02/27/content_5743484.htm.

[5] 神策数据. 2022中国企业数字化运营成熟度报告[R]. 北京：神策网络科技有限公司，2022.

[6] 杨科科. 大数据背景下我国地方政府决策能力提升问题研究[D]. 成都：电子科技大学，2020.

[7] 艾瑞咨询. 2023年汽车行业网络营销监测报告[R]. 北京：艾瑞研究院，2023.

[8] 罗仕鉴，朱上上，沈诚仪. 用户体验设计[M]. 北京：高等教育出版社，2022.

[9] 中央广播电视总台. 新时代幸福家——新年科技发布会[R]. 北京：中央广播电视总台，2022.

[10] Cisco. 2022 Cisco consumer privacy survey[R]. Milan：Cisco's Privacy Center of Excellence，2022.

[11] 吴声. 场景革命[M]. 北京：机械工业出版社，2015.

[12] 吴声. 新物种爆炸·吴声商业方法发布2022[R]. 北京：场景实验室，2022.

[13] 韩婷婷. 大数据时代大学生隐私保护问题研究[D]. 杭州：浙江理工大学，2019.

[14] MANDOKI K. Everyday aesthetics：prosaics, the play of culture and social identities[M]. London：Routledge，2016.

[15] 顾建华，张占国. 美学与美育词典[M]. 北京：学苑出版社，1999.

[16] 赵红勋. 数字化语境下青年群体的社交媒介依赖探析[J]. 山东青年政治学院学报，2023，39(1)：22-27.

[17] HILL R A, DUNBAR R I M. Social network size in humans[J]. Human nature，2003，14(1)：53-72.

[18] 黎万强. 参与感[M]. 北京：中信出版集团，2018.

[19] 艾媒咨询. 2022年中国兴趣消费趋势洞察白皮书[R]. 广州：艾媒咨询集团，2022.

[20] 阿里研究院. 2021天猫服饰IP白皮书[R]. 杭州：阿里研究院，2021.

[21] 辛向阳. 从用户体验到体验设计[J]. 包装工程，2019，40(8)：60-67.

[22] NORMAN D. The Design of everyday things [M]. New York：Basic Books, 2013.

[23] PINE II B J. The Experience economy [M]. Boston：Harvard Business School Press, 2011.

[24] SCHMITT B H. Experiential Marketing [M]. New York：Free Press, 1999.

[25] 罗仕鉴, 邹文茵. 服务设计研究现状与进展 [J]. 包装工程, 2018, 39（24）：43-53.

[26] 胡飞, 李顽强. 定义"服务设计" [J]. 包装工程, 2019, 40（10）：37-51.

[27] OLSEN E C B. Modeling slow lead vehicle lane changing [D]. Blacksburg：Virginia Polytechnic Institute and State University, 2003.

[28] DANIEL L. Understanding User Experience [J]. Web techniques, 2000, 5（8）：42-43.

[29] HASSENZAHL M, TRACTINSKY N. User experience—a research agenda [J]. Behaviour & information technology, 2006, 25（2）：91-97.

[30] BOUGIE R, PIETERS R, ZEELENBERG M. Angry customers don't come back, they get back：the experience and behavioral implications of anger and dissatisfaction in services [J]. Journal of the academy of marketing science, 2003, 31：377-393.

[31] 赵婉茹. 基于互联网产品的用户体验要素研究 [D]. 无锡：江南大学, 2015.

[32] 辛向阳. 交互设计：从物理逻辑到行为逻辑 [J]. 装饰, 2015（1）：58-62.

[33] 刘丽伟, 高中理. "互联网+"促进农业经济发展方式转变的路径研究——基于农业产业链视角 [J]. 世界农业, 2015（12）：18-23.

[34] 刘凤军, 雷丙寅, 王艳霞. 体验经济时代的消费需求及营销战略 [J]. 中国工业经济, 2002（8）：81-86.

[35] 钟韵, 阎小培. 我国生产性服务业与经济发展关系研究 [J]. 人文地理, 2003（5）：46-51.

[36] 罗仕鉴, 朱上上. 服务设计 [M]. 北京：机械工业出版社, 2011.

[37] 刘国伦. 论服务经济到体验经济的演进及营销模式变革 [J]. 商业时代, 2010（34）：26-28.

[38] 杜创. 体验经济的运行机制、发展逻辑与宏观效应——基于体验品经济学视角的分析 [J]. 人民论坛, 2022（3）：20-23.

[39] 罗仕鉴, 张德寅. 设计产业数字化创新模式研究 [J]. 装饰, 2022（1）：17-21.

[40] 罗仕鉴, 朱上上. 用户体验与产品创新设计 [M]. 北京：机械工业出版社, 2010.

[41] 黄峰, 赖祖杰. 体验思维 [M]. 天津：天津科学技术出版社, 2020：280-301.

[42] 罗仕鉴, 胡一. 服务设计驱动下的模式创新 [J]. 包装工程, 2015, 36（12）：1-4；28.

[43] 赵雪章. 彼得·德鲁克管理思想全集 [M]. 北京：中国长安出版社, 2006.

[44] 武常岐，张昆贤，周欣雨，等．数字化转型、竞争战略选择与企业高质量发展——基于机器学习与文本分析的证据［J］．经济管理，2022，44（4）：5-22.

[45] 三井．行业联动 共创共享［J］．中国建设信息化，2016（20）：9.

[46] 张慧敏．基于生活方式转型的用户动态画像研究［D］．无锡：江南大学，2018.

[47] 辛向阳，曹建中．定位服务设计［J］．包装工程，2018，39（18）：43-49.

[48] 刘海鸥，孙晶晶，苏妍嫄，等．国内外用户画像研究综述［J］．情报理论与实践，2018，41（11）：155-160.

[49] 刘爱玉．"00后"大学生消费观及引导策略研究［D］．哈尔滨：哈尔滨师范大学，2022.

[50] 中国青年报客户端．爱"拼"青年：00后网购画像报告［EB/OL］.（2020-04-28）［2023-11-28］. http：//news.cyol.com/App/2020-04/28/content_18590878.htm.

[51] 腾讯．腾讯00后研究报告——00后来袭［EB/OL］.（2018-05-28）［2023-11-28］. https：//drive.weixin.qq.com/s?k=AJEAIQdfAAoBvIJM8B.

[52] 本刊编辑部，黄熙童，天天，等．消费市场的未来，在"00后"身上找答案［J］．课堂内外（高中版），2021（25）：28-29.

[53] 秦银，李彬彬，李世国．产品体验中的用户期望研究［J］．包装工程，2010，31（10）：106-108；112.

[54] 王菲，李春鹏，赵健．医院开展患者就医体验管理的思考与展望［J］．中国卫生质量管理，2018，25（4）：67-69.

[55] 戴元光，韩瑞霞．我国当前医患关系的现状、问题及原因——基于健康传播视角的实证分析［J］．新闻记者，2012（4）：15-20.

[56] 丁蕊，吴新艳．大型综合医院实施患者体验管理的实践与探索［J］．中国医院管理，2021，41（10）：59-60；83.

[57] 华容县人民政府网．华容县人民政府办公室关于印发《华容县深化"一网通办"打造"一件事一次办"升级版攻坚行动实施方案》的通知［EB/OL］.（2022-11-10）［2023-11-28］. https：//www.huarong.gov.cn/33014/content_2010644.html.

[58] 浙江日报．上线8年集成1500余个便民惠企应用 一个超级APP是怎样炼成的？［EB/OL］.（2022-07-25）［2023-11-28］. https：//baijiahao.baidu.com/s?id=1739277850173630669&wfr=spider&for=pc.

[59] VAN TYNE S. Corporate user-experience maturity model［C］// Human Centered Design：First International Conference. Berlin：Springer，2009：635-639.

[60] BRAKUS J J, SCHMITT B H, ZARANTONELLO L. Brand experience: what is it? How is it measured? Does it affect loyalty?［J］. Journal of marketing, 2009, 73（3）: 52-68.

[61] KHAN I, RAHMAN Z. A review and future directions of brand experience research［J］. International strategic management review, 2015, 3（1-2）: 1-14.

[62] 贾昌荣. 巅峰管理: 极致员工体验创佳绩［J］. 清华管理评论, 2021（10）: 14-23.

[63] PLASKOFF J. Employee experience: the new human resource management approach［J］. Strategic HR review, 2017, 16（3）: 136-141.

[64] HUUHKA A, LAAKSONEN M, LAAKSONEN P. The evolution of new systemic forms in retailing and digital business［C］//Contributions to International Business. Journal of retailing and consumer services, 2014: 239.

[65] FLAVIÁN C, GURREA R, ORÚS C. Combining channels to make smart purchases: the role of webrooming and showrooming［J］. Journal of retailing and consumer services, 2020, 52: 8-9.

[66] ZIKOPOULOS P, EATON C. Understanding big data: analytics for enterprise class Hadoop and streaming data［M］.［s.l.］McGraw-Hill Osborne Media, 2011.

[67] PANIAN Z. Some practical experiences in data governance［J］. World academy of science, engineering and technology, 2010, 62（1）: 939-946.

[68] THOMAS G. Alpha males and data disasters: the case for data governance［M］. Brass Cannon Press, 2006.

[69] OTTO B. Organizing data governance: findings from the telecommunications industry and consequences for large service providers［J］. Communications of the association for information systems, 2011, 29（1）: 3.

[70] WANG R Y, STRONG D M. Beyond accuracy: what data quality means to data consumers［J］. Journal of management information systems, 1996, 12（4）: 5-33.

[71] WANG R Y. A product perspective on total data quality management［J］. Communications of the ACM, 1998, 41（2）: 58-65.

[72] WATSON H J, FULLER C, ARIYACHANDRA T. Data warehouse governance: best practices at Blue Cross and Blue Shield of North Carolina［J］. Decision support systems, 2004, 38（3）: 435-450.

[73] HOLMLUND M, VAN VAERENBERGH Y, CIUCHITA R, et al. Customer experience management in the age of big data analytics: a strategic framework［J］. Journal of business research, 2020, 116: 356-365.

[74] ORDENES F V, THEODOULIDIS B, BURTON J, et al. Analyzing customer experience feedback using text mining: a linguistics-based approach［J］. Journal of service research, 2014, 17（3）: 278-295.

[75] BALDUCCI B, MARINOVA D. Unstructured data in marketing [J]. Journal of the academy of marketing science, 2018, 46: 557-590.

[76] XIANG Z, SCHWARTZ Z, GERDES Jr J H, et al. What can big data and text analytics tell us about hotel guest experience and satisfaction? [J]. International journal of hospitality management, 2015, 44: 120-130.

[77] SPIESS J, T'JOENS Y, DRAGNEA R, et al. Using big data to improve customer experience and business performance [J]. Bell labs technical journal, 2014, 18 (4): 3-17.

[78] 丁熊, 周文杰, 刘珊. 服务设计中旅程可视化工具的辨析与研究 [J]. 装饰, 2021 (3): 80-83.

[79] 人机与认知实验室. 从自动化到智能化的思考 [EB/OL]. (2023-02-23) [2023-11-28]. blog.csdn.net.

[80] 鲁晓波. 价值、体验与设计创新 [J]. 深圳大学学报 (人文社会科学版), 2010, 27 (2): 152-153.

[81] 原研哉. 设计中的设计 [M]. 济南: 山东人民出版社, 2006.

[82] 陈根. 从实体数据到虚拟空间, 数字孪生承载人类野心? [EB/OL]. (2020-10-26) [2023-11-28]. m.thepaper.cn/baijiahao_9714698.

[83] 叶永玲, 王雷. 企业二次创业的战略转变: 从实体经营到虚拟经营 [J]. 华东经济管理, 2003 (5): 63-65.

[84] 王飞绒, 龚建立, 柴晋颖. 虚拟社区知识共享运作机制研究 [J]. 浙江学刊, 2007, (5): 202-206.

[85] 陈波, 陈立豪. 虚拟文化空间下数字文化产业模式创新研究 [J]. 中国海洋大学学报 (社会科学版), 2020 (1): 105-112.

[86] 姚山季, 王富家, 刘德文. 内容型虚拟社区中的用户互动和融入: 身份认同的中介效应 [J]. 商业经济与管理, 2018 (2): 64-78.

[87] CHESBROUGH H W. Open innovation: the new imperative for creating and profiting from technology [M]. Cambridge: Harvard Business Review Press, 2003.

[88] 罗仕鉴. 群智创新: 人工智能2.0时代的新兴创新范式 [J]. 包装工程, 2020, 41 (6): 50-56; 66.

[89] 汪信砚. 价值共识与和谐世界 [J]. 武汉大学学报 (哲学社会科学版), 2017, 70 (5): 11-20.

[90] 卢纪华, 陈丽莉, 赵希男. 组织支持感、组织承诺与知识型员工敬业度的关系研究 [J]. 科学学与科学技术管理, 2013, 34 (1): 147-153.

[91] 闫德利, 高晓雨. 美国数字经济战略举措和政策体系解读 [J]. 中国信息化, 2018 (9): 8-11.

[92] 刘景方, 李嘉, 张朋柱, 等. 外部信息刺激对群体创新绩效的影响 [J]. 系统管理学报, 2017, 26 (3): 201-209.

［93］胡晓鹏. 产业共生：理论界定及其内在机理［J］. 中国工业经济, 2008（9）：118-128.

［94］费艳颖, 凌莉. 美国国家创新生态系统构建特征及对我国的启示［J］. 科学管理研究, 2019, 37（2）：161-165.

［95］罗仕鉴. 新时代文化产业数字化战略研究［J］. 包装工程, 2021, 42（18）：63-72；8.

［96］吴朝晖. 交叉会聚推动人工智能人才培养和科技创新［J］. 中国大学教学, 2019（2）：4-8.

后　　记

服务体验管理的发展脉络悠久而深远，探索创新之路充满挑战。

数字化时代的到来和云-网-端等数字新基建的日益成熟，为用户服务体验管理的发展做足了准备，创新本身不再局限于满足用户单一触点上的体验惊喜，而是构筑平等话语权下用户与品牌服务共创的创新范式与思考框架，从 B2C（Business-to-Customer）向 C2B（Customer-to-Business）转型，让用户成为品牌的增长点。这就需要直面业务内容和用户心理本身的复杂度，正视客户群体和市场发展方向的未知，服务体验管理成为数字化改革浪潮下保持业绩增长的必由之路。

但在实际应用阶段，数据驱动运营成熟度普遍还较低，只有领域内已取得领先的企业或机构具有相对高的利用数据驱动的理念或认知，数据驱动用户或服务体验管理尚有较大发展空间。在这样的背景下，《服务体验管理：数字化创新方法论》应运而生。我们深信，服务体验管理的未来将由数字化驱动，它将使企业在激烈的全球市场竞争中获得优势，实现数字经济与传统经济的深度融合，进而推动经济新引擎的壮大，全面提升服务行业的质量、效益和竞争力。

在数字化服务体验管理的探索中，以用户为中心的思维是核心。我们提倡的是一种以人为本、市场导向的创新模式，以设计为牵引，技术为支撑，服务为媒介，旨在满足人们对美好生活的追求，同时推动服务体验管理方式的高质量发展。

通过本书，我们希望能够激发更多设计师和管理者的创新灵感，鼓励他们将服务体验管理融入技术、商业、管理、研发等各个环节中，充分利用服务体验的潜能为产品和品牌注入新的生命力。

希望"服务体验管理"的思想能够形成新的理论和方法体系，并催生出新的学科发展方向。在智能时代，知识的更新迭代速度极快。尽管我们团队尽了很大的努力，书中的内容还是难免有不足之处。我们诚挚欢迎专家学者提出宝贵的意见和建议，共同推动服务体验管理领域的进步。

是为后记，以此纪念我们在服务体验管理数字化创新旅程中的每一步。

2024 年 8 月于求是园